2016 年度江苏省社会科学基金项目(16FXB008)
2018 年度江苏高校哲学社会科学研究重点项目(2018SJZDI086)　　资助出版
淮阴工学院学术专著出版基金

农地确权与国家粮食安全问题研究

侯继虎　著

中国矿业大学出版社
·徐州·

图书在版编目(CIP)数据

农地确权与国家粮食安全问题研究 / 侯继虎著. —徐州：中国矿业大学出版社，2019.3

ISBN 978-7-5646-4386-7

Ⅰ. ①农… Ⅱ. ①侯… Ⅲ. ①农业用地—土地所有权—土地制度—研究—中国②粮食问题—研究—中国 Ⅳ. ①F321.1②F326.11

中国版本图书馆 CIP 数据核字(2019)第 055700 号

书　　名　农地确权与国家粮食安全问题研究
著　　者　侯继虎
责任编辑　史凤萍　陈振斌
出版发行　中国矿业大学出版社有限责任公司
　　　　　　(江苏省徐州市解放南路　邮编 221008)
营销热线　(0516)83884103　83885105
出版服务　(0516)83995789　83884920
网　　址　http://www.cumtp.com　**E-mail**:cumtpvip@cumtp.com
印　　刷　虎彩印艺股份有限公司
开　　本　787 mm×1092 mm　1/16　**印张** 12.75　**字数** 230 千字
版次印次　2019 年 3 月第 1 版　2019 年 3 月第 1 次印刷
定　　价　32.00 元

前　言

伴随城市化的迅猛发展，大片的村落被快速的城市化所吞没，城市化催生出一个数量庞大的失地农民群体。越来越多的农民转移到非农产业，农民兼业化模式耕种土地越来越普遍。这种粗放式经营技术落后、效益低下，直接威胁到国家粮食安全。如何在法治视域下有条不紊地进行农地确权、解决农地确权中的权属纠纷、深化农地产权制度改革、深入推进农地“三权分置”改革、构建粮食质量安全运行模式，对加快土地流转、规模化集约化利用土地、保障国家粮食安全等意义重大。

村民小组农村集体土地所有权主体地位来源于原生产队权利主体地位，而生产队的权利主体地位始于1962年2月13日中共中央发布的《关于改变农村人民公社基本核算单位问题的指示》。村民小组集体土地所有权主体地位消解于包产到户，至家庭联产承包责任制的建立则名存实亡。以集体土地所有权和承包经营权确权登记为契机，将村民小组集体所有中的农户承包经营的耕地确权到户，形成农村集体土地分别属于乡镇农民集体、村农民集体、农户家庭集体所有的“三级所有”创新体制，有其理论上的正当性和实践中的合理性，是目前保障农民土地权益的最佳选择。对确权到户后的原农户承包的耕地实行严格的用途管制，可以确保我国的耕地红线和粮食安全。

现有的农村土地权属纠纷解决途径主要包括诉讼方式和非诉讼方式。法治化的社会主义国家，完备的法律体系必不可少，司法对纠纷的解决就是其体现之一。通过诉讼的方式解决纠纷具有权威性、规范性、终局性等特点，应成为纠纷解决的首选方式。虽然诉讼方式在解决农村土地权属纠纷时有种种优势，可是它仍然存在缺陷与不足。非诉讼解决纠纷的方式通常分为和解、调解、行政裁决与复议、仲裁等方式，其中和解和调解运用得最多。非诉讼解决纠纷的方式也有着其自身的优点和缺点，简单的行政调解或者行政裁决未必达到很好的社会效果与法律效果。因此，当下我国农地权属纠纷解决的“当事人协商＋人民政府处理”模式具有内在的不适应性，需要创新政府处理农地权属纠纷的方式。行政谈判作为一种新型方式，可以克服我国政府处理农地权属纠纷方式固有的不适应性的弊端。

粮食安全事关经济安全、社会安全和生态安全，是总体国家安全观的重要组成部分。目前我国耕地和水资源污染导致的粮食质量安全问题日益突出，因此，保证粮食质量安全将成为今后一段时期内实施粮食安全战略的重点。在农地确权和“三权分置”改革基础上建构的粮食质量安全运行模式突破了粮食生产自上而下的准计划经营模式，在总体国家安全观指引下以消费需求为中心，以市场为导向，以提供质量安全的粮食为目标，通过构建“四体”机制（新型粮食生产经营主体联盟体系、粮食生产标准流程管理体系、粮食质量真正可回溯的质量标识体系、杜绝中间环节的粮食营销体系），确保我国粮食质量和有效供给，促进粮食领域的供给侧结构性改革，建立健全我国粮食安全保障体系。

目　录

下篇 国家粮食安全篇

上篇　法　治　篇

第一章　法治的市场建构路径

法治意指一种治国方略、治国理念，即用法律来治理国家，实现法治之统治，充分彰显社会民主与公正。实现法治的路径有多种。通过市场建构我国法治，市场主体不断发展、壮大，形成足够强大的市场利益集团，由它们去决定国家权力的分配与制衡。市场利益集团的强大是走向法治的民主的最直接的内驱力。

社会主义国家不仅是人民当家做主的国家，而且也应当成为实行法治的国家。在走向社会主义法治国家的征途中，我们国家既探索积累了许多成功的经验，也有过深刻的教训。党的十一届三中全会以来，我们党和国家日益深刻地认识到法律在社会生活中的重要作用，确立了法治建设在社会主义现代化建设中的重要地位。党的十五大明确提出了依法治国、建设社会主义法治国家的基本方略。第九届全国人民代表大会第二次会议把依法治国、建设社会主义法治国家载入宪法。这一基本方略的确立，标志着我们党和国家治国方略的历史性转变，是我国法治建设理论和实践发展史上的重要里程碑。强调依法治国，是法治的本质特征之一。建设法治国家是一项需要人民群众广泛参与的艰巨复杂的系统工程，需要经历长期的历史发展过程，要经过几代人甚至几十代人坚持不懈的努力。法治在我国的推行路径，学者论述颇多，各自从不同的角度，各抒己见，难以达成共识。如有学者认为，法治之路有两条：一是当代中国的"普法型法治"，二是商鞅和西方的"专法型法治"。[①] 其中有两种不同的观点颇具代表性。一种是叶传星的"法治自然演化论"，认为"人的理性认识能力和判断能力的局限性，决定了人们实际上不可能按预先设定的计划去建构完备的法治秩序。法治和整个社会进程一样，在相当程度上是一个自发演进的过程"[②]。另一

① 凌斌：《法治的两条道路》，载《中外法学》2007 年第 1 期，第 1-20 页。

② 叶传星：《论法治的人性基础》，载《天津社会科学》1997 年第 2 期，第 102-107 页。

种是“法治推行论”，认为“中国的法治化应当走政府推进型与社会推进型相结合的道路，以政府推进法制的改革为主导，辅之以社会、民间自然生成的具有现代法治精神的制度、规范和力量”①。他们多是从国家公权力角度，自上而下加以贯彻落实强以推之，或是从法治自身的自然客观性出发，自下而上渐进形成法治秩序。这些观点对于解决中国法治面临的路径选择有着重要的启示，但对于法治或多或少还是缺乏深度理论探讨。笔者认为应从梳理法治思想源流入手，论证我国建构法治的市场路径，以期实现以法治国。

一、法治理论及其模式选择

（一）西方法治思想源流

西方历史上的法治观念源远流长，始于梭伦变法，至亚里士多德时已经理论化。亚里士多德明确主张“法治优于一人之治”，并在他的《政治学》中提出了法治的两层含义，即法治的两个条件或标准是已成立的法律获得普遍的服从，而大家所服从的法律又应该本身是制定得良好的法律②。“普遍服从良法”的观念成为法治的一个基本原则。在现代社会中，前者意味着法律具有根本的权威（约束权力、有限政府），后者意味着法律体现最广大公民的意志与利益诉求（民主基础）。因此，法治意味着唯有体现广大公民意志的法律具有最高的权威和地位，任何个人和组织都不得超越其上，特别是执政者的管理行为必须处处以法律为依据才能被正当化。法治优于一人之治的原因在于，法治代表理性的统治，内含平等、正义、自由等社会价值，而人治难免于私欲与腐败。古罗马法学家同样主张“以法为据”，借助于自然法、理性、正义等概念来强调法律的权威和作用。中世纪的法学虽然降格为神学的奴婢，但仍然闪现了“国王应在上帝和法律之下”的法治火花。近代以来，源自对商品经济和自由竞争的需求，法治观念成为占支配地位的意识形态，法学家们推动了法治理论的制度化和现实化。英国宪法学家戴雪第一次明确提出了“法的统治”（rule of law），并把排除专断、法律至上、各阶级阶层在法律面前一律平等宣布为法治的基本原则。从思想传统看，西方法治理论可以分为英国的“法治理论”和德国的“法治国理论”二脉。

1. 英国法治理论

英国的法治理论大致经历了四个时期：① 对王权的限制。《大宪章》的诞生

① 舒国滢：《中国法治建构的历史语境及其面临的问题》，载《社会科学战线》1996 年第 6 期，第 68-72 页。

② 亚里士多德：《政治学》，商务印书馆 1983 年版，第 199 页。

是当时的主要事件，在法律思想上英国法学家们将中世纪的法律至上、正当程序和在法院、议会的自由论辩观念初步整合为较系统的法治学说，是这一时期的主要贡献。② 自由法治的形成和发展。17 世纪，个人自由成为法治思想发展的核心，所谓自由法治指的是消极个人自由的法治(实质法治)。霍布斯将古代客观的自然法转变成一个主观的个人的自然权利，从而奠定了英国法治的个人主义基础，并用社会契约的模式论证了国家的起源以及“天赋人权”。哈林顿继承了古代共和主义传统，强调一种在法律至上的共和国里公民参与公共事务的自由。洛克则明确把保护个人自由与限制政府权力联系在一起，论证了法律的目的在于保护和扩大自由，统治必须依据明确的法律进行并实行分权。此后，休谟、亚当·斯密、伯克等人用经验主义的自由观代替了理性主义的自由观。③ 功利自由主义法治和新自由主义法治。18 世纪末 19 世纪初，边沁鼓吹功利主义法学，用世俗的功利原则代替自然法理论，强调人为的理性建构和民主的统治基础。密尔更是提出了界定个人自由限度的“伤害原则”。随后，格林等人提出了新自由主义法治的积极自由原则：自由是积极的，即做某事而非不做某事；自由是有目的的，即做值得做之事而不是做任何事；自由既要实现个人之善，也要实现社会之善，即人与人的关系之善。④ 积极法治时期。20 世纪，福利国家思想兴盛，即通过国家投资按照需要并通常是免费提供诸如健康、教育等基本服务的社会政策，目的在于实现更大的平等。其间虽有哈耶克等人的反对，但渐成强势。福利国家的实质不在于要不要法或要不要个人自由，而在于个人自由范围的缩小(相应的国家权力的扩大)。20 世纪下半叶，拉兹、菲尼斯等人提倡形式法治论，强调按规则行事和规则本身的形式特征。可见，自由主义构成了英国法治理论的灵魂，其目的不外乎保证个人自由与限制国家权力，不同学者对自由法治的不同理解，本质上是对个人自由程度和国家权力限制的大小上取舍。此外，英国法治思想还呈现出经验法治和行动法治的特点。

2. 德国法治国理论

德国法治国思想大致分为五个阶段：① 自由法治国阶段。18 世纪末，普拉西杜斯首次提出“法治国”一词。这一阶段法治国理念的核心是康德的自然法哲学和理性法哲学，即认为作为道德上不证自明之个人自由的边界直至他人自由的边界为止，法治国的精髓在于用法律限制国家权力，保障个人的最大自由。② 形式法治国阶段。莫尔首先提出，自由还应该包括积极意义上自由，国家要积极地帮助与促进公民实现自己的自由目标。这种帮助，即是行政。形式法治国强调的是行政必须在法律的外衣下进行，即遵守行政合法律性原则。它的特点是:采用实证主义的理论工具,摒除法律中的法外因素;法律与政治相分离,远离政治色彩强的宪政,而强调社会技术色彩浓的行政;强调行政行为的合法律性和可预测性,并要求对行政行为进行审查和控制。③ 混合法治国阶段。1919 年的《魏玛宪法》一方面宣示了广泛的自由权利;另一方面更加突出形式主义特征,这种特征最明显的表现就是公民的自由与权利(基本权利)并不具有至高无上的地位,在紧急情况下可以被部分或全部停止。而《魏玛宪法》最重要的贡献在于社会与民主原则的引入。就前者而言,它首创了所谓的社会基本权利,包括劳动保障制度、保险制度等,还创立了经济社会化原则,通过国家权力加强对经济生活的干预,从而从形式平等转到兼顾实质平等上。④ 国家社会主义法治国阶段。以施密特为代表的纳粹学者彻底偷换了法治国的自由主义精神,主张用一种所谓的全民生活秩序来代替个人自由,强调人民整体是真正的法治国主体,民族正义是唯一的正义,而作为全民意志具体形式的元首的意志就等同于法律。可见,纳粹的法治国学说实质上背弃了自由与民主。⑤ 公正法治国阶段。这一思想主要体现在波恩基本法之中。波恩基本法的核心是集自由、民主和社会公正诸价值于一身的公民的基本权利,不仅以不完全列举的方式宣告了这些基本权利,而且赋予这些基本权利以直接有效性,也就是说,基本权利不依赖于法律秩序而产生,相反,它先于法律秩序,约束立法、行政、司法,并在任何情况下都不得违背。可见,德国法治国思想发展有两条基本线索:一条是形式主义进路,主张国家行为的全面"合法律性",一条是主张民主、社会的实体主义进路。

综合英国的法治理论和德国的法治国理论,二者都曾经历复杂的演变过程,可以认为前者更关注法治实质内容,强调限制权力与保障权利(自由),而后者更关注法治的形式面,强调法律的权威、依法行政、法律的确定和明确等。二者的核心都在于强调政府的权力应受法律的制约,政府的全部行为必须有法律依据和法律授权,这也是法治的基本内涵。

(二) 法治模式

1. 自然的法治理想模式

从社会学的功能主义理论出发,塞尔兹尼克认为,任何事物都有其理想功能或理想状态,法的理想功能在于建立秩序和控制,最大可能地满足人类的福利,唤起理性和正义等,它是检验法的自然标准或自然法。在法的理想中,法治理想属于核心。法治是一个包含着评估和批评法律决定的各种标准的复杂的理想,其基本要素是用公民秩序的理性原则限制官员的权力,其中心是减少专断。由此可推知:① 法治是一个程度可变的现实。法治是不断努力的结果,规定了值得追求但不可能彻底实现的价值,具有实现程度的差异。② 法治扩大到司法和行政。凡是官员行动的地方都有专断的可能,也就存在法治问题,其中行政专断尤其值得重视。③ 法治不仅适用于官员,也适用于公众。公众具有不稳定、易受情绪影响等特征,也可能产生专断因素,因此公众参与本身也必须服从审查和批评。④ 法治是一个正面理想。法治部分地以人和社会的本质的悲观主义为前提,是对权力的本能地恐惧与怀疑,因此它具有实践性,是为了防止权力的滥用和保护私利。

2. 合法性的法治模式

拉兹认为,法治的实质可以归结为合法性或合法化。其重要原则包括:① 所有的法律都应是针对未来的、公开的和明确的。法律要为人们所遵守,就必须是不溯及既往的、公开为人所知和含义明确的。② 法律应是相对稳定的。法律不应经常改变,否则人们将无所适从,法律的稳定有利于人们有预期地合理安排自己的生活和经济活动。③ 特别法的制定应当符合公开、稳定、明确和普遍的规则。④ 确保司法独立。司法独立于行政和政治活动之外,并对与法律相关的各项案件具有最终的决定权,司法独立的各项规则是保障法治的核心。⑤ 必须遵守自然正义原则,即公开公正的审判、排除偏见等程序正义原则。⑥ 法院应有权审查其他法治原则的实施。法院对立法和行政进行有限审查。⑦ 司法程序应简便易行。⑧ 预防犯罪的机关行使自由裁量权时不得滥用法律。

3. 形式正义的法治模式

这一模式把法治看成形式正义在法律制度方面的实现。罗尔斯认为有规则地和无偏见地实施公开的规则在适用于法律时就成为法治。其包括:① 应当的行为意味着可做的行为。即法律规范所要求或禁止的行为应该是一种可以合理地指望人们做或不做的行为,而不应当规定人们无法履行的行为。② 类似案件类似处理。这是限制法官和其他官员的自由裁量活动的重要法则。③ 法无明文规定不为罪。它要求法律应当公布,法律的含义应当清晰,法律具有普遍性,不溯及既往等。④ 自然正义。如合理的审判程序和证据规则,法官必须独立和公正,审理必须公开和公平等。

4. 全面正义的法治模式

前面几种法治模式都侧重于程序和形式方面,而全面正义的法治模式则兼顾法治的形式与实质两方面。1959 年,在印度新德里召开的国际法学家会议通过了法治问题的《新德里宣言》，确认的法治原则如下：① 根据法治精神，立法机关的职能在于创造和维护使个人尊严得到尊重和维护的各种条件。不仅要承认公民的民事权利和政治权利，而且要建立为充分发展个性所必需的社会、经济、教育和文化条件。② 法治原则不仅要防止行政权力的滥用，而且需要有一个有效的政府来维持法律秩序，借以保障人们具有充分的社会和经济生活条件。③ 法治要求正当的刑事程序。这包括给予被告人充分的辩护权利、审判应当公开进行、消除酷刑等。④ 司法独立和律师自由。独立的司法机关是实现法治的先决条件，司法机关应能充分行使职能，不受立法和行政机关的干涉，法官的任职和调动都应当有利于其行使职能。必须有能自由处理业务的有组织的法律职业团体，在不受干涉的前提下为当事人提供法律服务。

可见，全面正义的法治模式既强调了法治的实质内容——既维护个人尊严，又重视法治的形式特征；既要求国家的消极义务（不干涉当事人的自由权），又要求国家的积极责任（给予当事人物质帮助），因而是比较全面的。

（三）中国的选择

西方的法治演进过程是一种哈耶克所说的“自发的秩序”，其在商人阶级、市民社会与封建国家的争斗中发展出自身独特的品格，以强调“权利”的个人自由为先导，以规则之治的一系列形式和程序为辅佐，是实质与形式的结合。即使如德国法治国理论那样过分强调法治的形式层面，而有为权力披上合法外衣之嫌，对于纳粹统治也应负有一定的责任，但由于有着实质理念的深层奠基，它本身所具有的自我纠错的能力能够使它不至于走得太远。反之，中国自古以来就是一个缺乏权利观念和崇拜至上权力的国度，缺乏法治价值观的熏陶。作为一个后发型现代化国家，中国如何在“建构”的语境中实现法治是一个棘手的问题。

我们的市场经济模式与法治的建立最初都基于对外来制度的移植、引进。关于外来制度与本土资源的矛盾争论也由来已久。一种意见认为，外来制度是根本。我们引进的都是西方经过长期摸索而成熟的制度、经验。之所以有些制度在中国实践效果不佳，是因为我们往这些成熟的经验中又塞进了我们自己的一些不成熟的东西。另一种意见认为，外来制度“水土不服”的原因在于对我们自己的传统、经验认识不够，不够尊重。理性构建的“变法”模式终成问题，我们只能依靠本土资源的挖掘、积累、生成。其实对这一问题的泛泛争论，是没有意义的。恰当的方法可能是在具体问题中择其中而从之。另外，比较法研究的一些成果值得我们汲取。在法治的模式选择上，我们认为：

法治价值是法治的柔性部分，是法治的灵魂与核心，所以法治建设首先是一个法治价值宣传和法治精神孕育的过程。权利本位、平等与自由、用权利约束权力，等等，这一系列原则是法治的核心所在，丧失了它们也就失去了法治本身。但是它们又涉及国人价值关于理想图景的重构问题，并非可以凭借某种外在的强制力量一蹴而就，而需要相当长的一段历史时期的孕育。苏力在他早期的一篇谈法治与市场经济的关系的文章中指出，市场经济的发育成长不光是法治的问题，还有一种与之相适应的理性文化的发育、成长问题。我们的立法不仅要进行理性的构建，还应注意市场本身的内在经验的积累、演进。① 一方面需要政府有意识的宣传、推动，尤其是改变执政理念和执政方式，树立全新的现代政府形象；另一方面，也需要民间社会新的经济、文化、社会因素的成长，使得市民社会内部生长出足以反抗专制权力的需要和能力，为法治价值的弥久创造物质根基。

法律制度是法治的刚性部分，在现阶段的主要任务是树立法律的权威。法治的根本条件是要有一套相匹配的法律制度。法律权威的树立是法治的要求之一。中国法治建设最明显的改观是法律体系的迅速完善，大量空白领域的迅速填补。但是与此相对的是，法律的权威并没有真正树立起来，许多法律停留于纸面上，成为空文。尽管有的法律规定不合理成为法律不具实效的原因之一，但是笔者认为，在当前阶段我们所要做的不是去批判法律内容的合理与否（是否合乎法治），反而是多一些“实证主义”精神，主张严格地依法而治。表现在：行政机关严格依法行政，司法机关严格依法裁判，公民严格依法行为。虽然在个案中可能出现严格依法反而导致正当性缺失（因而不符合法治的某些价值）的问题，但是笔者认为与个案的正义相比，法律权威的树立更为重要。至于法律本身的内容，可以在社会各方压力之下逐步改善。因此，我们主张一种刚性法治观，并认为现阶段制度方面的独立就是树立法律的权威，贯彻法治的形式准则。

此外，从来源看，法治的演进（法治现代化）存在着“社会演进”、“政府推进”以及“政府推进和社会演进相互作用”三种模式。社会演进模式主要存在于西方社会，它们是在一种没有外在压力的情况下纯粹靠自身因素发展的结果，当今的社会条件和国际环境不允许中国走这条道路。政府推进模式存在于后发

---

① 苏力：《市场经济需要什么样的法律？——关于法律文化的一点思考》，载《法治及其本土资源》，中国政法大学出版社 1996 年版，第 74 页。

型现代化国家，它们大多在西方国家的压力下被迫进行法治现代化，以适应新的世界规则。依上述法治理论，这类国家不可能真正实现法律之统治。因此，我们主张法治建设的第三条道路，即“政府推进和社会演进相互作用”之模式。一方面，我们要重视社会自身机制的作用，培育社会对法治的需求与支撑力，其中最重要的是使得市场经济茁壮成长，培育出力量足够强大的市场主体，为法治价值奠定物质基础。这是根本。另一方面，也不可忽视现代政府的作用，否则也是不现实的。政府的力量暂时强大，这是事实，我们要在市场经济逐渐发展、市场主体逐渐壮大的过程中，反过来再有意识地让政府进一步促进市场经济的发展和壮大。

二、法治的表现及其市场建构路径

（一）法治的要求（条件）

（1）“良法之治”是法治的重要条件。法学家们都认为法治之法必须是善良正义的法律。当然，在不同的国家，持有不同价值观念的人们对良法有着不同的认识标准。有的认为良法是符合自然和永恒正义的法；有的认为法律应有效地保障个人的自由和权利；有的认为良法应当能满足最大多数人的最大幸福；还有的主张法律应当反映民间自发秩序和现实国情；等等。亚里士多德所阐述的法治的两重意义（已成立的法律获得普遍的服从，而大家所服从的法律又应该本身是制定得良好的法律），其中第二重意义就是“良法之治”最好的说明。

（2）法律至上是法治的前提。在法治国家，人们行为的评判唯有法律是最终的、最具权威性的价值标准。法治社会要求法律要得到普遍遵守，即亚里士多德有关法治论述的第一重意义“已成立的法律获得普遍的服从”，这就要求法律具有至上的地位和最高的权威，任何人、任何组织都没有超越法律之上的特权，都应在法律的统治之下，应以接受法律的最高统治为每个人及组织的应尽义务。

（3）保障公民权利、制约（限制）国家权力是法治的根本价值取向。国家权力即公权力，如果不加以限制，往往会侵入公民权利即私权利的领域，法治之国就是要通过制约公权力来达到保障私权利之目的。① 权力的取得合法化。对于公权力而言，无授权即无权力，一般情况下只能在授权范围内行使权力。所以权力的授予实际上意味着权力的限制。[①] ② 对于私权利而言，国家承认“法

① 张文显：《法理学》，法律出版社 1997 年版，第 249 页。

不禁止即自由”，自由不局限于法律，承认在法律不禁止的地方存在大量的自由，并同样予以尊重、不加干涉。③ 权力受权利的制约。私权利的授予意味着对公权力的限制或者意味着公权力主体义务和责任的增加。④ 当对公权力规定必要的自由裁量幅度时，必须充分考虑到并尽量避免对私权利的侵害可能；当公权力行使自由裁量时，并不意味着可以任意对待私权利。[①]

(4) 法治的形式要求。如法治之法应有较为完备的法律体系，法律体系中各部门法间没有矛盾，应当尽可能做到分工配套、功能协调，法律规范具有易知、明确、肯定、具体和可操作等特性。再比如，各级法院的设置，纠纷解决的处理机制，相关法律制度的落实、完善等保障体制，做到“有法可依、有法必依、执法必严、违法必究”。

（二）法治的表现

若一个国家的法治水平能达到上述要求，那么我们设想的真正的法治国表现应该是一切社会生活和社会主体都在法律的规范、约束之下，都处于法律的调控之下，权力和权利关系建立起理性化制度。其中，社会生活指人类整个社会物质的和精神的活动的总称，通常包含：① 经济生活，即人们日常生产、劳动、借贷、买卖等具有经济利益内容的活动，其中又以民事活动为多。② 政治生活，即以依法行使政治权利、履行政治义务为主要内容，参与国家社会公共事务管理，参与国家社会民主政治建设，关注国家在国际社会中的地位和作用。③ 文化生活，通常指阅读、写作、文娱、体育、教育、学术、言论及其他艺术方面的活动等，侧重于和物质生活相对的精神生活方面。④ 社会交往，指在一定的时空条件下，人与人之间相互往来，进行物质和精神等交流的社会活动。社会主体包含一切个人、组织、国家和地区。

（三）法治的市场建构路径

法治社会里应该是法律至上且具有绝对的最高权威，整个社会生活和社会主体都应纳入法律调控之下。那么接下来的问题就是，国家、社会如何能让法律做到有效地调控整个社会生活和社会主体？这里有个前提，就是国家要保障法律的强制实施。法律运行的环节是国家首先要立法，接下来需要广大人民、组织等社会主体自觉地遵守法律。有些法律是国家机关主动实施、执行的，即行政机关的执法。若社会主体不守法，甚至破坏法律的实施，那么国家还有司法机关，最终把权利义务关系按照已有的立法体系调整好。这些都由国家机构

---

① 公丕祥：《法理学》，复旦大学出版社 2002 年版，第 289 页。

保障实施。所有环节、过程看起来顺理成章，毫无破绽，国家立法，民众守法，若有谁不遵守法律的话可强制其守法，法律的强制性众人皆知，警察、军队、法庭、监狱是法律实施保障的坚强后盾。但又有一个问题出现了，而且也回避不了，即国家违法了怎么办？法律由国家制定，暴力机构也是由国家组织起来的，又有谁来监督、约束国家权力？这就是“法治悖论”的缘来。这一存在于法治中的政治难题，在实践上则扎扎实实地表现为一种悖论：依靠国家权力推行法律，法律如何约束国家权力？力图法律约束国家权力，国家权力又如何推行法律？法治的实现必须克服这一悖论。①

为了解决此难题，学界、政界可谓见仁见智，但事实上，“法治悖论”靠法律本身是不可能克服的，国家权力本身也不可能去自我克服，要解决此难题必须借助其他力量。寄希望于国家自我建构法治，永远是一个道德企盼，到目前为止没有一个国家以此实现法治。② 统治者本身不会去分权，更不可能主动去做，所以解决此难题最后只能交由人民。民众是建构法治的决定力量，最终只有靠人民来分割权力，这就是民主产生的过程。人民如何来决定民主、如何来行使民主权利、如何强制统治者让出权力？民众需要自我整合为统一、强大的力量。如此巨大的力量如何产生？民众自我整合为统一、强大力量的机制只能依靠经济利益，而不是政治或其他因素。经济利益如何整合这种强大的力量？通过市场经济来整合。

三、法治与市场经济

市场经济，又称为自由市场经济或自由企业经济，是一种经济体系。在这种体系下产品和服务的生产及销售完全由自由市场的自由价格机制所引导，而不是一般由国家所引导。市场经济的基本含义是：以市场机制的作用为基础配置资源的一种经济，或称作市场导向型经济。现在人们使用“市场经济”这个概念，通常有两种含义：一是把它看作一种经济手段；二是把它看作一种经济体制。作为经济手段的市场经济，它本身是没有姓“资”姓“社”问题的。资本主义可以使用这种经济手段，社会主义也可以使用这种手段。市场经济在不同的经济体系中意思不同(作用范围不同)。比如，社会主义市场经济要求市场在资源配置中起决定性作用，更好地发挥政府作用；西方市场经济强调市场在经济运

① 梁木生：《法治的市场建构——走向法治的经济分析》，湖北人民出版社 2007 年版，第 24 页。
② 梁木生：《法治的市场建构——走向法治的经济分析》，湖北人民出版社 2007 年版，第 26 页。

行中的绝对主导地位，整个经济运行以市场为中心，政府一般不干预市场。市场经济具有平等性、竞争性、法治性、开放性、自主性等特征。

市场经济的机制是通过市场经济的分工与交换发生作用。市场通过分工来确定资源占有关系，通过市场交换来进行利益交割。那么显而易见，在资源占有与主体利益交割两者之间就产生了一种相互制约的关系。此种制约关系乃是市场经济之核心，只有此制约关系才有可能使得利益调节达至最大之公正。所以，市场经济本质上就是一种相互制约的经济，其中存在广泛的制约关系。

市场经济的逐步发展决定了市场经济的制约机制，只能将传统经济的生产者渐次地、有序地、结构性地整合到市场经济的经济体系之中，市场经济力量亦因此逐步走向强大。对此，市场经济将通过对各经济主体进行内在整合和外在整合逐步实现市场力量之强大。

(1) 外在整合。为了保障市场交易的顺畅与公正，市场经济行为和活动(生产、交换、分配、流通)的有序进行，就必须事先订立契约，这叫契约化整合，即外在整合。从法律的产生看，马克思、恩格斯笔下商品交易所产生的契约和古典自然法学家眼中的社会契约是法律的最初形式。契约就是一种协议，是双方(或多方)意思表示的一致，其本身就意味着和谐，是一种良好法治秩序形成的基础。

(2) 内在整合。市场交易的对象是商品，即通常所说的财富，因此市场交易的前提条件是该财富须先生产出来，产品生产过程就是各种生产要素的组织过程。生产主要靠工厂、企业完成，工厂、企业里不可避免地涉及土地买卖、承包和租赁、劳动关系、技术管理等一系列法律关系。所有这些法律关系中权利义务的确定也必须事先订立契约。该过程就叫作组织化整合，即市场经济的内在整合。

市场经济的这两种整合使得市场经济的经济有机体不断扩大，市场经济的整体力量不断壮大。当传统经济的生产者全部纳入市场体系后，市场经济力量必然成为所有民众自我整合的一股独立、统一、强大的经济力量。市场主体的力量不断增强，当足以制约更多更大的权力时，将成为能够始终控制约束国家权力运行、建构法治的决定力量。此时就可以让统治者让出权力，进行权力的再次合理分割。这就是我们所主张的走向法治的民主的产生。

四、走向法治的民主

市场主体(组织)通过市场经济整合后就必然会形成若干利益整体,或称之为利益集团,这些集团在市场经济的培育下会不断发展,逐渐强大。在这一过程中,各利益主体(集团)不可避免地会产生各种利益冲突,传统政治通常是诉求外力,借助于各种政治的、法律的、经济的等手段加以解决。由国家的代表人政府作为此外力的代表是再适合不过的了,此外再也找不出其他各利益主体(集团)都能一致信服的中介人,代表国家的政府是唯一可以担当此重任的外力主体。

当国家在处理各种利益冲突时,若不依法办事,该怎么办?这时,我们设想的已经拥有了足够强大力量的各利益集团就理所当然地站出来,迫使政府依法办事。政府的权力就此受到了制约。

说到底,市场利益集团都是由普通民众组成的,只有当人民真正有权决定谁做统治者时,人民才有力量让由他们决定的统治者分割权力,按照人民的意愿办事、行使权力,当把这一过程记录下来时,这就是宪法的产生过程。如上所述,宪法背后的力量是民主,而民主有时也只能通过市场主体产生。

这一问题如进一步探究:"恶法"何以产生?除了技术理论上的原因之外,还有一个更深层的原因,那就是国家与政府的不当干预——权力对市场的干扰。这一问题的一个根本应对,可能就在于近些年来法学界讨论较热的市民社会的理论。在对市民社会理论的探讨中,邓正来对市民社会有这样的界定:市民社会指那些源出于个人自由的思考以及反对政治专制的近代自由主义政治思想,源出于对市场经济的弘扬以及对国家干预活动的应对的近代自由主义经济思想的基础上,逐渐产生的相对于国家以外的实体社会。①吴明君认为:"市民社会是以市场经济为基础形成的、超脱于专断政治权力的社会私人利益关系体系,是社会成员谋取私利的领域。在这个社会领域中,每个行为主体都以平等的地位和身份相互交往、相互作用满足彼此丰富多彩的需求,从而满足整个社会的需求。"②

法治的基础和源泉是市民社会。有学者指出:"目前,我国的民间组织已达

---

① 邓正来:《"国家与社会"研究框架的建构与限度——对中国的乡土社会研究的评论》,载王铭铭、王斯福:《乡土社会的秩序、公正与权威》,中国政法大学出版社 1997 年版,第 627 页。

② 吴明君:《论中国特色市民社会的建构》,载《求实》2004 年第 4 期,第 57-60 页。

26 万多个，成为分解国家权力、抵御权力扩张和实现自治管理的重要力量。这些重大变化促进了社会结构的整体转型，推动了中国市民社会的孕育成长，大大拓展了私人领域和社会公共空间，也促进了政府角色转型和社会生活的多元化、自由化、民主化，进而推动了公共领域的兴起。……公共领域的兴起无疑具有极其重要的意义和作用，它必然成为推进法治进程不可或缺的内驱力。"①市民社会的形成对国家权力产生制约作用。正是从这个意义上，托克维尔、达尔提出，一个由各种独立的、自主的社团组成的多元的社会，可以对权力构成一种"社会的制衡"，"以社会制约权力"②。只有市民社会的成长、壮大，才能使作为独立实体性的主体表达自己的各种要求，对抗国家政治权力的不当干预。而市民社会如何成长、壮大？只有通过市场经济中的市场主体发展、壮大，形成足够强大的市场利益集团。市场利益集团的强大是走向法治的民主的最直接的内驱力。

---

① 马长山：《公共领域兴起中的法治诉求》，载《政法论坛》2005 年第 5 期，第 134-141 页。

② 顾昕：《以社会制约权力——托克维尔、达尔的理论与公民社会》，载刘军宁：《市场逻辑与国家观念》，生活·读书·新知三联书店 1995 年版，第 148 页。

第二章　法治视域下的农业农村农民

考察国家和农业农村农民的关系，一直是经济学、社会学、法学、政治学等学科的重要理论问题。伴随城市化而来的，是大片的村落被快速的城市化所吞没，还有城市化所催生出来的一个数量庞大的失地农民群体。农民的流动性较强，越来越多的农民转移到非农产业，农民兼业化模式耕种土地越来越普遍。这种粗放式经营技术落后、效益低下，威胁到国家粮食安全。如何在法治视域下有条不紊地进行土地确权，合理界定农村土地所有权、使用权和经营权的内容，对加快土地流转具有重要的意义。

农村土地产权不清，导致流转不畅。土地流转是农业规模化生产的前提，农业规模化又是农业现代化的必经阶段。

党的十九大报告明确提出实施乡村振兴战略。农业农村农民问题是关系国计民生的根本性问题，必须始终把解决好“三农”问题作为全党工作的重中之重。要坚持农业农村优先发展，按照产业兴旺、生态宜居、乡风文明、治理有效、生活富裕的总要求，建立健全城乡融合发展体制机制和政策体系，加快推进农业农村现代化。巩固和完善农村基本经营制度，深化农村土地制度改革，完善承包地“三权”分置制度。保持土地承包关系稳定并长久不变，第二轮土地承包到期后再延长30年。深化农村集体产权制度改革，保障农民财产权益，壮大集体经济。确保国家粮食安全，把中国人的饭碗牢牢端在自己手中。构建现代农业产业体系、生产体系、经营体系，完善农业支持保护制度，发展多种形式适度规模经营，培育新型农业经营主体，健全农业社会化服务体系，实现小农户和现代农业发展有机衔接。促进农村一、二、三产业融合发展，支持和鼓励农民就业创业，拓宽增收渠道。加强农村基层基础工作，健全自治、法治、德治相结合的乡村治理体系。培养造就一支懂农业、爱农村、爱农民的“三农”工作队伍。

一、设施农业

（一）设施农业与城镇化

“城镇化是现代化的应有之义和基本途径……在今后相当长一段时期，推进农村城镇化仍将是中国经济社会发展的重要引擎。”①城镇化通常有两种模式：一是依托现有的中心大城市，有序可持续化地发展中小城镇，最终形成城市集群，这是依托大城市辐射带动农村城镇化的一种方式；二是先发展工业形成核心城市，进而带动农业实现农村的城镇化，这是发展工业带动农村城镇化的方式。这两种模式都是依靠自身独特的区位优势和资源条件，“植入式”实现农村城镇化的过程。然而许多偏远的县级行政区划的农村地区，它们远离大城市而且交通不便利，除了土地肥沃、淡水丰富适合种地外，没别的资源优势。这些偏远地区主要采取“全员招商”的方式，竭力引进房地产投资项目和工业投资项目。但这样的方式往往事与愿违，建了很多商品房却成了一片漆黑的“鬼城”；工业项目尽管包装华丽，但政府税收寥寥无几，很多园区的大片土地被围墙隔起来长荒草。

农村的城镇化是农业工业化和现代化协调推进的城镇化，必须根据自身条件选择合适的发展路径。笔者认为，可由发展现代农业入手，全面实现农业的工业化和现代化，最终实现农村城镇化。即通过农业、农村和农民协同发展现代设施农业，内生实现城镇化。在偏远的农村，根据当地种植养殖的独特条件，推进以农业产业为核心发展项目的政策引导。例如：围绕合适的种植养殖产业，打造核心现代设施农业项目；针对核心种植养殖业，发展相关的生物农药和有机肥料产业；本土化发展核心种植养殖配套产业；结合农业特点打造区域农业生态旅游产业；构建集约化种植养殖生产和深加工联动协同发展的产业体系等。

现代设施农业尽管产业属于农业，但其运营模式和静态投资本质上和工业没有什么区别，同样都会形成“三通一平”、路面硬化等农村城镇化的基础。设施农业和关联产业的发展，本身就是工业化城镇化的过程，而且是有机结合自身区域特点和资源条件，内生出来的农村城镇化。设施农业在现实中也面临着诸多困境。

（二）运作设施农业的困境

1. 经营主体和经营模式

新型农业经营主体，包括家庭农场、种养大户以及农民专业合作社。如果

---

① 曾睿：《农村城镇化进程中的生态风险及其法治路径》，载《湖南农业大学学报（社会科学版）》2015年第5期，第97-102页。

要完成现代农业集约化、专业化、组织化和社会化落地，投资农业的新型农业经营主体大多会从设施农业和机械化切入，从而不可避免地要面对一系列现实问题。新型农业经营主体一旦投资了设施农业，就必须保持经营项目的稳定性，不可能说今年做了温室大棚硬化了路面，明年就拆除进行其他项目的农业生产。

然而，《中华人民共和国农民专业合作社法》“退社自由”的基本原则却制约着合作社稳健运作设施农业项目。农民专业合作社坚持的基本原则是“入社自愿、退社自由”。这就是说，入社、退社是合作社法规定的自主而灵活的行为。新型农业经营主体投资设施农业项目，尽管运营的产业属于农业，但实质上却完全是工业化投资经营模式，其在土地征用上的长期性，工厂设备、设施建设的永久性方面，都和“退社自由”存在制度上的冲突。一旦社员股东因为价值取向分歧要求自由退社，作为设施农业项目拥有的长期性、永久性资产，在价值估价和资产分割上都存在政策层面、技术层面和操作层面的难题，严重的还可能直接导致设施农业项目在运行中夭折！

“合作社＋农户”的投资合作经营模式，显然在运作现代设施农业项目方面存在严重不足。此外，中央一号文件原则上不鼓励大规模工商资本直接集约经营农田运作设施农业项目，使得“公司＋合作社＋农户”的经营模式尚无制度层面的整体规制，更没有成功的操作方案。经营主体和经营模式如果得不到制度层面妥善解决的话，必然影响到设施农业项目的稳健发展。

2. 资产难以确权

新型农业经营主体投资设施农业，主要通过基础建设形成农业设施固定资产，如温室大棚、场地路面硬化。为了鼓励新型农业经营主体投资兴建设施农业项目，政府从政策支持上给予了一些便利条件，例如可以不改变农田的性质用作现代设施农业项目建设，这样新型农业经营主体享受了较低的征地用地成本优惠，在起步阶段的确有利于其快速成长。但是运营到一定规模时，必然面临无法克服的发展难题。

设施农业项目虽然属于农业行业，但本质上是一种工业化运作。土地是工业化项目运营的根本。在现行制度框架内，工业项目的经营主体在没有确立自有土地产权的情况下，其地上附着物（包括房屋、厂房以及其他设施）都无法确权。这就意味着，新型农业经营主体建设设施农业的静态投入，都会变为无法形成权属关系的“死资产”。就农田承包权而言，尽管物权法已经明确农田承包权是一种物权产权，但到现在都还没有最后完成政府确权。即使农田承包权完成了确权，其权属人也是农户。目前法律上准许农田承包权作价入股，然而市场上还没有出现承包权转让的现实案例。也就是说，农户将承包权转让给新型农业经营主体，存在操作上的困难。

根据相关规定，基于农户土地承包权的地上附着物(农业设施)形成的资产，根本不属于设施农业投资人。因此，还没有一家社会中介机构可以对这些设施农业项目的资产，进行社会认可的第三方资产评估。新型农业经营主体只能自行进行财务会计记账。这些长期固化下来的农业投资只能称为"临时设施"，要围绕农田承包权展开其地上附着物确权恐怕是一种奢望。值得欣慰的是，绕开农田的承包权，2016 年 3 月 15 日人民银行、银监会、保监会、财政部、农业部等五部委联合下发的《农村承包土地的经营权抵押贷款试点暂行办法》的出台，使得农田经营权本身的流转及其抵押融资出现了政策上的松动。但是，基于农田经营权地上附着物资产的确权，依然存在制度上和操作上的障碍。

不但新型农业经营主体投资设施农业项目的资产无法确权，而且到目前为止，还没有一家农民专业合作社被银行承认其具有融资主体资格。常识告诉我们，项目做得越大越需要更多的资金投入，也越需要金融行业的介入。然而，投入设施农业项目建设的大量现金流，不断变成了长期无法激活的"死资产"，而且根本不能比照投资工业项目拿农业设施(同样也是土地和房产)去抵押融资。新型农业经营主体投资经营的农业设施资产既不能确权又无法估值的现实，决定其融资渠道是狭窄而僵死的。鉴于此，新型农业经营主体如果要扩大再生产必然受到极大的制约，对其长足发展也极为不利。

3. 必须正视的风险

做农业难，肯定比做工业难，而且是很难。很多投资农业的人看到农户以家庭为单位进行自然经济的耕作模式，认为很简单、很容易掌握。其实这是一种误解，农业的复杂性远比我们想象的要多得多。和传统农业相比，设施农业又属于规模化现代农业，在政府政策配套不完善的情况下，新增的问题和风险更多，可以说是难上加难。工业只要掌握了工艺流程，把各种资源要素集中在一个场所，可以不受气候和环境条件的影响就能按计划稳定生产，房屋和空调等设备设施能够创造一个适宜其工业生产的室内小环境；广袤无垠的农田，因为干扰和影响的因素太多，要捕捉其内在的规律性很不容易。面对变化莫测的天气条件，实施计划常常要看老天爷的眼色，即使我们积累了数年从业经验，要精准指导当前的农业耕作也还是会感到力不从心。农业生产管控本身就存在极大的复杂性，这里不再讨论，下面谈谈现代设施农业绕不开也难以化解的风险问题。

首先是天灾可能造成的损失。龙卷风、冰雹、暴雨、暴雪等各种极端天气都会给设施农业带来损失，而且这个损失是两方面的。其一是农业设施受损，如暴雪压塌温室大棚。其二是大田作物受灾。目前大田作物受灾后，主要由生产主体自己承担后果。此外，农业设施因为无法确权，设施农业投资主体的固定资产也很难办理保险理赔。其次是市场对接的风险。产品和市场对接，这是无论是做工业还是做农业都必须面对的。工业产品一般是标准化的，方便运输存贮，保质期也相对较长，只要适销对路压力还相对小一些；农业则不同，因为许多农产品的时效性极强，一旦销路不畅就很麻烦。特别是现代设施农业实现规模化生产之后，如果不能及时卖掉的话，辛辛苦苦耕耘的成果极有可能大面积烂在地里！最后还有社会化系统性风险。现代设施农业项目一般以家庭农场、种养大户、农民专业合作社这些松散性投资合作的法人载体运作，这种经营主体既不验资又不承担相应出资的有限责任，决定其在法律上承担和防范社会风险的能力较弱。这种政策制度上的缺陷除了影响设施农业的稳健发展外，还可能产生社会化系统性风险。规模化经营的现代设施农业涉及的农户范围较广，成功与否产生的社会影响都很大。一旦设施农业项目失败，很容易激化成群体性事件。

二、农业面临政府和市场双重失调局面

大量农民工进城打工的现象至少从市场角度揭示了两点：① 仅仅依赖在农村承包的农田无法养活或改善全家人的生活；② 城市打工（从事制造业或者服务业）所得显著高出种田收入。当外出打工人数占比越来越高时，地方政府并不十分紧张，因为农民打工的收入一般会回乡消费，带活地方的经济（有些地方政府还把农民外出务工的数量总结为成绩指标）。但是随着农村的空心化越来越严重，“谁来种田，怎么种田”已经成为新的问题。

在农田产权变迁的过程中，从 30 年承包到延包再到保持长期不变，农田名义上还是归村集体所有，但已经现实表现为农户永久不变的“私管制”。而且这种固化“私管制”的最大特点就是：农户实际控制着农田的经营使用，却又不能在市场上自由转让承包权以变现财产性收益。农田归宿是“三农”问题的根，正是由于农田产权的独特性，政府调控这只“有形的手”无法充分发挥职能，市场整合这只“无形的手”也难以发挥作用，就形成了目前农业面临的政府和市场双重失调的局面。

（一）政府调控失效的表现

（1）农产品事后问责落空。在“三高”[①]刚性约束下，很多农产品的生产过程根本无法溯源，就是出现了镉超标大米也只能追溯到地方粮库或米厂，真正的责任人无法找到。

（2）农产品生产过程监管无力。随着农产品安全问题的舆论压力越来越大，政府也希望严格把关农资准入和农业生产过程监管；然而面对高度分散的农业经营主体，终因监管的行政成本巨大而不得不放弃。

（3）农业政策的频繁变化。如果政府干预的政策措施变化得太频繁，农业生产经营活动就会无所适从。例如农民一方面要拼命提高粮食产量，一方面政府又要求藏粮于地、藏粮于技，很难执行到位。

（4）分配制度的顶层设计没有把农业摆在应有的位置。工业、服务业反哺农业还只是停留在口号上，没有真正实施。

（二）市场失灵的主要表现

（1）农资销售渠道固化，经销商获得高额垄断利润。农业产前需要的农资，包括种子、农药、肥料等大多是工业产品，成了严格的等级分销机制。有的产品已经高度垄断化并形成了单边定价模式，农民只能被动承受不断抬高的成本地板式挤压。

（2）农业生产粗制滥造。由于农户生产基本处于无人监管的高度自由状态，脱离市场恶性竞争的结果就是“我害人人，人人害我”，并且形成了“劣币驱逐良币”的畸变。

（3）农产品经营商也形成了对农民的挤压。农产品经销商往往利用农产品极其敏感的时效性（不得不尽快出手）的特点，通过对农民压价来获得高额回报。例如原产地几毛钱一斤的蔬菜，到消费者手上的时候可能变成几块钱一斤。

（4）影响了社会的公平和安定。对农业天花板下压和地板抬升的双重挤压，进一步加剧了工农业产品剪刀差并拉开了城乡发展的距离——这种社会不公的强烈心理落差最终会淤积成影响社会稳定的变量。

三、农地产权关系

农地产权由集体所有权、农户承包权和生产者经营权三部分构成，目前顶

---

① 农业生产不可避免地存在农田高度分割、农户高度分散、收储和加工高度混杂的“三高”现象。

层设计已经清晰地界定为三权分置格局。“在落实农村土地集体所有权的基础上，稳定农户承包权、放活土地经营权”①。2016 年 10 月 30 日，中共中央办公厅、国务院办公厅印发的《关于完善农村土地所有权承包权经营权分置办法的意见》提出：中国将继续深化农村土地制度改革，实行农村土地所有权、承包权、经营权“三权分置”。“‘三权分置’创新产生于农村土地承包实践，服务于农业经营制度创新与农业现代化建设。推进‘三权分置’，目的是通过落实集体所有权、稳定农户承包权、放活土地经营权，推动形成‘集体所有、家庭承包、多元经营’的新型农业经营机制，进一步巩固和完善农村基本经营制度，加快实现农业现代化。”②农村集体土地由“两权分离”③到“三权分离”④再到“三权分置”格局，体现了理论的创新。“土地经营权与土地承包权分置并非理论上的生造，其具有深厚的社会需求基础和丰富的实践探索，是农村经济社会发展的现实倒逼和引导下的制度创新。”⑤

（一）名存实亡的农地集体所有权

《中华人民共和国宪法》第十条规定：农村和城市郊区的土地，除由法律规定属于国家所有的以外，属于集体所有。宪法说得很清楚，农地应该属于集体所有。

就农地所有权而言，究竟是“村”集体所有，还是“组”集体所有，目前还是学者争论的热点。一部分人认为，从农地流转的操作上看，村集体可以依据《中华人民共和国土地承包法》第四十八条向本村以外的第三人处置农地，处置权是所有权的基本特征和外在表现——农地似乎归村集体所有。而另一部分人认为，许多地方根据人口变迁重新调整和分配农田，都是以村集体下面的“组”为单位进行的，和村集体没有什么关系——农地的实际所有人应该是村集体下属的“组”。

笔者偏向于农地的所有权归村集体所有，因为村集体下属的“组”针对人口变迁自行进行的“调田”行为，类似于一个公司内部股东之间通过对手交易（而

① 2014 年中央一号文件《关于全面深化农村改革加快推进农业现代化的若干意见》。

② 韩长赋：《土地“三权分置”是中国农村改革的又一次重大创新》，载《光明日报》2016 年 1 月 26 日。

③ “两权分离”指家庭联产承包责任制实行之初的所有权和承包权分离。

④ 丁关良、阮韦波：《农村集体土地产权“三权分离”论驳析——以土地承包经营权流转中“保留（土地）承包权、转移土地经营权（土地使用权）”观点为例》，载《山东农业大学学报（社会科学版）》2009 年第 4 期，第 1-8，121 页。

⑤ 焦富民：《“三权分置”视域下承包土地的经营权抵押制度之构建》，载《政法论坛》2016 年第 5 期，第 25-36 页。

不需要通过股东会)进行的股权转让行为,其“调田”行为的结果不影响村集体层面农地产权的整体状况。

(二)农地产权集体所有制在现实运行中面临的若干问题

1. 农地所有权和收益权脱钩

所有权决定承包经营权及其衍生出来的收益权。例如甲拥有房屋的所有权,会很自然地决定租赁给谁并获得相应的租金。而农地所有权和承包权、经营权完全分离之后,农地的所有人——村(或者组)集体无法干预承包权和经营权,更无法获得因农地经营产生的相关收益。

2. 农地的实际处置人是农地承包人——农户

2007年实施的物权法没有把农地承包权和经营权分离,而是明确土地承包经营权是一种用益物权。一件东西是谁的就是谁的,不可能同时还归属别的什么人。排他性占有是用益物权的显著特征。既然物权法明确农地承包权是一种用益物权,归农户排他性占有——那么村(或者组)集体对农地的所有权显然已经虚置。说白了,农地的实际处置人是农户而不是集体。

3. 市场运行表明农地集体所有权已经名存实亡

2019年中央一号文件将农地承包权固化为长期不变之后,农地永远无偿承包给了农户,基本没有村(或者组)集体所有人什么事了;农业税取消之后,属于村(或者组)集体的农地所有权衍生出来的收益权永远都是零收益。农地产权的市场运行表明:村(或者组)集体的农地所有权,其处置权落空且收益权为零,这种所有权已经名存实亡。

(三)农地承包权的现实合法性和起点公平性的矛盾

维持农地承包权长期稳定不变,是对农村现状现实确认为合法的一种固化。生老病死等人事变迁使农户人口发生变化,有的地方这种变化还很大。中央的主导政策是,村组自行完成农地重新分配调整并不产生新的矛盾纠纷的,进行农地承包权确权时可以默认这种调整后的现状为合法。至于农村很多地方,“耕者有其田”的公平性起点要追溯到耕地二轮延包时期,目前的确存在很多“新生人”无地,同时人口消逝(出嫁或死亡)却有地的现状,也只能交给村、组自行解决,至少国家层面不做统一的强制性“调田”安排。

(四)农地承包权市场化交易

大家知道,目前农地经营权和承包权剥离并且已经全面实行市场化放开,不仅可以进行经营权确权而且还可以实现相应的农田资产财产性市场化交易(主要表现为作价入股、抵押贷款、流转转让等)。这种制度安排,显然是为了鼓励和帮助现代农业从业者扩大再生产和集约化经营。将来农村无人种地的现实,迫使决策者发展现代农业并培植新型农业经营主体——彻底放活农地经营权正是顺应了生产力发展的这种现实要求。

从农地产权的经济视角看,处于最外层的农地经营权完成市场化交易激活后,决定经营权的农地承包权更应该可以实现市场化交易。然而,在实际运行中因为农户拥有农地面积太少(户均 7 亩左右),农户对农地承包权财产性收益变现的愿望并不强烈,而且烦琐的手续(例如未来要实现市场化交易必需的农地承包权资产评估和他项权证办理)也会使农户望而却步。因此农户的农地承包权实现市场化交易的行为并不会活跃——这种现象正好和政策层面想把农地承包权在家庭农户进行固化的决策层期望不谋而合。毕竟,保障大量农户不因农地承包权市场化交易的结果而失地,是决策层维护农村社会稳定的政策设计底线。

四、农地确权实践的政策取向分析

农村第一轮土地承包从 1983 年前后开始,承包期是 15 年。二轮承包的承包期则延长为 30 年,目前还没有到期,2019 年中央一号文件明确规定农村土地承包关系稳定并长久不变。虽说各个地区的土地承包有一些细微差别,但总体上是一致的。本轮确权确地主要是对承包现状的现实合法性的确认,同时兼顾一些补偿性调整。

下面就具体的农地承包权确权实践进行一些浅析。

(1) 承包面积小于实际面积的情况以实际情况为准。这个处理不用多解释。当时向国家申报农田面积时执行田亩制上缴公粮水费,除了未向国家报备的村集体自留地外,还有很多 800 平方米、1 000 平方米的低湖田视为 1 亩(666 平方米)上报的情况,现在都按实际面积确权。

(2) 已被占用拿到补偿的原则上扣减。对承包地被依法征(占)用、已得到相应补偿的,在确权登记工作中,一律从承包地块的面积中减除,进行变更登记。这是政府可以实现农地所有权交易的唯一合法形式。

(3) 二轮承包后村里又调整过土地的,可依据土地承包现状予以确权登记颁证。尽管政府不主导按人口变迁进行人均农田起点公平的调整,但这些不公平已经形成村集体多数农户要求均田诉求并自行实现农地调整的,确权时应尊重这种现实合法性。

(4) 未批先建改变用途的,不予确权。农地承包人违反土地承包法的,只能自食其果。

(5) 出嫁女和入赘女婿农地的确权。出嫁女、入赘女婿婚后在现生活家庭的,作为承包共有人登记,本人如提出在娘家有承包地经营权主张的,根据当事人的意愿,而且娘家无任何异议的,可在娘家进行确权登记。这是兼顾婚姻法的男女平等权利考虑,现实生活中鲜有提出这种主张的。

(6) 主动放弃过土地现在想要回能否确权的问题。农村土地二轮承包时因农业税费负担重,少数农户主动放弃二轮承包经营权未承担农业税费义务,经核实无异的,必须以书面形式,可按无田户处理,不予确权登记。这是权利义务对等原则。以前未履行义务的,现在也不能保障权利。

(7) 转包互换的农地确权。同一村民小组承包农户采取转让、互换方式流转承包地的,若双方没有异议,按实确权登记;若双方有争议,按原二轮承包归属的面积和四至予以确权登记。政府不主导转包互换,但可承认转包互换的现实合法性。

(8) 整治和长期流转农地的确权。土地综合整治或土地长期流转的组,应按照土地综合整治或流转前的农户承包关系确权,因为承包土地四至无法登记可采取综合确股确权的形式登记,如万顷良田。这既考虑了农田规模经营的现实需要,又保障了农户拥有的承包权用益物权确权不受伤害。

(9) 有争议的土地如何确权。在确权登记中,对历史遗留和土地承包经营权纠纷应尽量调解解决,对调解不成的可通过仲裁、诉讼程序,若仍不能处理则暂不确权登记,待争议解决后再进行确权登记。政府不搞强行确权,不激化社会矛盾。

五、回归政企合一的村集体

农地的承包权完成确权登记之后,农户以农地承包权作价入股成为村集体的永久股东,村集体通过村民(代表)大会决定本村农地经营权的整体对外出租。

鉴于此,笔者从以前的逻辑预判到现在的有理由相信:村集体必然回归到对农户和农地的政企合一管理运作模式,今后村集体不仅是名义上的农地所有人,而且还是实际的农地经营权集中处置者。

(一) 要求农田经营权集约化经营是生产力倒逼的必然结果

再过十几年,农户以家庭为单位的作业经营模式将面临无人种地的局面。因为家庭缺乏从事农业的劳动力,将出现农地经营权层面的大规模流转。农地经营权流转，一开始的市场表现可能是农户个体之间或直接针对第三方的农地经营权对手交易。随着这种土地流转模式深入展开，高度分割的农田和高度分散的农户，不得不面对谈判能力弱、插花地处置难以及交易效率低等问题，最终会催生出农户委托代理人的诉求——村集体从名义上的农地集体所有者回归政企合一的农地实际处置人的社会角色。

不管愿意与否，生产力的现状都会倒逼以机械化和设施农业为特征的新型现代农业经营模式出现。习近平总书记明确提出“农业合作社是发展方向”正是顺应时代发展的必然要求，把十几年后不得不应对的农村传统劳动力严重短缺问题，提前到主动调整当下的生产关系以适应生产力现状。

（二）回归政企合一的村集体重在破解以农地经营权为核心的市场化流通问题

农民专业合作社主要针对农户进行整合，力图形成同类业态农户抱团的新型农业经营主体，多年来收效甚微，在发展现代农业的道路上一直处于艰难的境地。回归政企合一的村集体破解以农地经营权为核心的市场化流通问题，是建立现代规模化大农业模式的基础。回归政企合一的村集体彻底砸碎农田高度分割的农户私管制之后，农民专业合作社和其他农业经营主体能够顺利整合包括农地在内的农业生产要素，自然会步入发展现代农业的快车道。

（三）政企合一的村集体更适合推动农地经营权的市场化流通

回归政企合一的村集体，目的是要实现农地经营权的集约化处置和经营。有人很快想到要成立一个新的载体：农业合作公司。其实这种想法和习近平总书记提出的要大力发展合作社的方向不是一致的，而且现有的村集体组织已经放在那，完全没必要另起炉灶。村集体本来就是农地的所有人，这是宪法规定的；土地承包法也明确规定，发包方（村集体）本来就具有将农村土地发包给本集体经济组织以外的单位或者个人承包的法律授权，只是要通过村民会议履行相关的组织程序，并报乡镇一级的政府批准。现在具有农地承包权的农户出让自己的农地经营权的时候，委托给拥有农地所有权的村集体集中处置，从而有效避免谈判能力弱、插花地处置难以及交易效率低等问题——显然顺理成章。退一步说，即使要成立一个处理农地经营权的农业合作公司，也必须挂靠在村集体名下——因为农地的所有权是村集体的、农地承包权也是村集体下辖农户（私管制）的。

综上所述，承包权入股村集体是一种固化股，市场化交易尚早，但农地外层的经营权反而可以实现市场化交易。前者是社会政治稳定的要求，后者是现代农业发展的需要。

中篇　农地确权篇

第三章　农地确权研究综述

农村集体土地产权关系不明确，乱占耕地现象广泛存在且屡禁不止，导致农民的合法土地权益得不到有效保障，也因此严重影响了土地的流转。土地流转不畅，部分农民工进城务工而弃耕，造成了土地资源的极大浪费。因此，农村集体土地明确的产权关系是保障农民权益，促进土地有效流转，实现农业规模化、集约化经营的前提和基础。

【案例】 1982 年，韩圩村委会将位于本村二干渠堤防的土地承包给包括原告吴某在内的 21 户农户种植桑树，承包期为 10 年，吴某承包了其中的 0.615 亩。后吴某家因缺少劳力，将该 0.615 亩桑树地转让给被告张某耕种。2006 年下半年，吴某又将该地要回并自行耕种。2008 年 3 月 2 日，韩圩村委会召开村民会议后，决定将原、被告所在组二干渠堤防的土地重新发包，经抽签被告张某分得原由原告承包的 0.615 亩土地。土地重新发包后，村委会均未与承包户签订书面承包合同，嗣后，吴某以该讼争土地系原告承包地为由，多次砍伐被告张某在争议土地上所栽植的树木，期间双方也曾因该纠纷经当地公安机关多次调解并签订调解协议书，但此后原告仍坚持要求收回争议土地并阻止被告栽树。2010 年 5 月 28 日，被告张某诉至法院，请求判决原告停止侵害并赔偿损失。法院审理后认为，该讼争的土地因原告和被告均未提供土地承包经营权证书，亦未签订土地承包合同，依法应由人民政府处理，故裁定驳回张某的起诉。2011 年 12 月 22 日，韩圩村委会与被告张某补签了农村土地家庭承包合同书，将讼争土地在内的共计 0.865 亩土地发包给张某耕种，土地承包期限为 2008 年 3 月 2 日至 2038 年 3 月 2 日。2012 年 8 月 30 日，张某又以吴某侵犯其财产权等再次诉至法院，法院经审理后判决吴某赔偿张某损失 3 000 元。2013 年 1 月 17 日，吴某以被告签订的土地承包合同违法为由，诉至法院，请求确认被告签订的土地承包合同无效。

法院审理后认为：农村集体所有的土地依法属于村农民集体所有的，由村集体经济组织或者村民委员会发包，农村集体经济组织成员有权依法承包由本集体经济组织发包的农村土地。韩圩村委会作为本案讼争土地的管理者，有权对属于本集体经济组织的集体土地进行发包。韩圩村委会通过召开村民大会等民主议定程序，制定了承包方案将本集体土地发包给被告张某，并与其签订农村土地承包合同书，并无违反法律规定的情形，被告张某在本案中亦无过错。原告主张对该讼争土地享有土地承包经营权，根据我国土地承包法、物权法的相关规定，土地承包经营权自土地承包经营权合同生效时设立，即土地承包经营权的产生依据为土地承包合同及土地承包经营权证书，原告未能提供该证据，应对其主张承担不利后果。本案调解未果。判决驳回原告吴某诉讼请求。[①]

一、研究缘起

上述案件涉及农村集体土地承包经营纠纷，原告合法的土地权益得不到保障，促使作者开始思考农村土地问题。农村集体土地由“两权分离”到“三权分离”的变化也引起了作者的深思。2014 年中央一号文件对于“三权分置”改革初见端倪：在落实农村土地集体所有权的基础上，稳定农户承包权、放活土地经营权。[②] 农村集体土地流转已经成为现代农业发展不可避免之趋势，然而流转的前提是权属明确。我国农村进行的确权确地，至 2018 年年底(2013 年中央一号文件提出 5 年内完成确权登记颁证)全国范围内基本完成，但是接下来的土地流转却出现了越来越多的矛盾和纠纷以及流转不畅等现象。因此，在法治视域下对农村集体土地确权展开研究具有重要的现实意义和理论意义。

二、研究现实意义和理论意义

(一) 农地确权研究的现实意义

由于律师业务的关系，笔者还参与处理过这样一个案子：原、被告系姐妹关系，原告母亲 1998 年前离家外出，下落不明，原告于 2000 年 9 月出嫁，但在夫家并未取得承包地，其娘家所在的村委会也没有收回其原承包地，承包地仍然在原告父亲名下，一直由原告父亲进行耕种。2010 年夏天，原告父亲生病，将承包地委托他人代为耕种。2011 年 4 月，原告父亲离开人世。2011 年 6 月，被告

---

① 淮安市淮阴区人民法院(2013)淮渔民初字第 0071 号民事判决书(因被告与原告同姓吴，为了叙述方便，将被告吴某改成了张某)。

② 2014 年中央一号文件《关于全面深化农村改革加快推进农业现代化的若干意见》。

考上大学。2012 年 1 月 27 日，被告将争议的承包地转让给姜某，承包地转让款 65 000 元。原告得知后，与被告交涉未果，诉至法院，要求被告归还争议的承包地(梁岔土地所西侧)。一审法院审理后认为，《中华人民共和国土地管理法》第十六条规定，土地所有权和使用权争议，由当事人协商解决；协商不成的，由人民政府处理。因原告提供的农村土地承包经营权证书中对其主张土地没有明确的四至，且原告对主张承包地的四至也难以确定，故原告要求返还的位于梁岔土地所西侧土地权属不明。土地权属不明的，应由人民政府处理，不属于人民法院民事案件受理范围。裁定驳回原告起诉。原告不服一审裁定，诉至中级人民法院，中级人民法院维持原裁定。①

又是原告败诉！这绝非偶然。目前，农村绝大多数集体土地权属不明，四至不清，承包经营权证书载明的面积与实际耕种面积不符，全国还有好多地方既没有补签承包合同又没有发放土地承包经营权证书。如果发生纠纷，法院往往以不属于人民法院民事案件受理范围而驳回，最终推到村委会，村委会可以各种“巧妙”的方式将纠纷处理好。保护农民利益类似的口号喊得再响亮，对于那些失地农民来说，也注定是竹篮子打水一场空。

2013 年国务院政府工作报告就指出：“农村土地制度关乎农村的根本稳定，也关乎中国的长远发展，其核心是要保障农民的财产权益，底线是严守 18 亿亩耕地红线。”随着城镇化和农业现代化步伐的加快，农村土地确权工作的紧迫性日益突出。加快推进农村集体土地确权，是维护农民土地权益，落实最严格的耕地保护制度和节约用地制度，提高土地管理和利用水平，促进农村社会和谐稳定的现实需要。政府从 2012 年就已经开始在一些地方开展了农村土地确权的试点工作，这几年正有条不紊地进行。2013 年中央一号文件规定的 5 年时间确权确地工作，于 2018 年年底前结束。确权确地颁证工作在取得一定成绩的同时，也遇到了相当多的问题。比如，土地权属纠纷大量存在，农地确权中法律和政策上的空白，确权工作所需要的人财物的配备明显不足等。

（二）农地确权研究的理论意义

随着我国市场经济体系的初步建立，机械化、自动化、信息化的进程对于我国经济发展提出了新的要求，农村土地改革势在必行。劳动是财富之父，土地是财富之母，创造财富要靠土地，我国现行农村产权制度已经不能适应农业现代化的发展，我国农村土地制度已经到了非改不可的地步。2013 年 6 月 7 日，

① 江苏省淮安市中级人民法院(2014)淮中民终字第 0426 号民事裁定书。

中央农村工作领导小组副组长、办公室主任陈锡文在中国农业大学做了题为《我国农业和农村发展的几点思考》的演讲。陈锡文认为在推进城镇化进程中，粮食安全、耕地红线和农民利益三个方面面临很大挑战，现有土地制度已经不适应当前的形势，应该加快土地制度改革，否则平衡不了诸多矛盾。因此，中国农村土地制度向哪里去，成了近年来国内政界、学界等社会各界关注的焦点。国家每年的中央一号文件，已经连续 16 年关注农村土地制度改革。学者著书立说，唇枪舌剑，绝不亚于春秋战国时期百家争鸣热闹的场面。

既然要改，且非改不可，那么如何改？学术探讨以及上述农村集体土地诸多现实问题的根源都在于理论上的混乱。茅于轼直截了当地指出，核心问题是农民对土地的所有权。[①] 然我国宪法和土地管理法已经明确规定，农村集体土地所有权属于集体所有，这是毋庸置疑的事实。据调查，“当被问及‘农村土地归谁所有’问题时，在被调查的 736 户中，只有 269 户、占 36.50%的农民认为农村土地属于集体所有；有 234 户、占 31.75%的农民认为农村土地属于国家所有；有 214 户、占 29.08%的农民认为农村土地属于个人所有；另外，还有少部分农民（19 户、占 2.67%）不知道农村土地的所有权主体。在农民朴素的意识里，经常将集体与国家相等同，即认为集体与国家是同一个主体。”[②]本书就是要在理论上对农村集体土地所有权主体展开研究，用制度变迁理论、产权理论、物权理论将农村集体土地所有权主体明确清楚，这是本书研究集体土地确权的理论基础，确权确的是所有权，非承包经营权，将所有权明确清楚，承包经营权就无须再确。此其一。农地是农民的财产权益，2013 年国务院政府工作报告明确提出“始终注重保护法律赋予农民的财产权利”，陈锡文于 2014 年 1 月 4 日在清华大学举办的三农论坛上指出，习近平总书记在农村工作会议上始终强调土地制度改革要保障农民的财产权利，不能把农民的利益损害了。上述两处提到“财产权利”，我们不妨简称为产权，按照纪坡民先生的观点，产权属于民法学范畴，许多经济学界学者跨界讨论产权问题，极易引起理论界的混乱。[③] 纪坡民先生将这种经济学太热、民法学太弱的现象形象而生动地比喻为“鸠占鹊巢”，实有意思。正本清源，从民法物权理论研究产权。此其二。

本书不会过多纠缠于农村集体土地现实的运作与实证的考量，那是社会

---

① 茅于轼：《从金融危机谈起》，群言出版社 2009 年版，第 66 页。

② 徐美银、钱忠好：《农地产权制度：农民的认知及其影响因素——以江苏省兴化市为例》，载《华南农业大学学报（社会科学版）》2009 年第 2 期，第 14-21 页。

③ 纪坡民：《产权与法》，生活 · 读书 · 新知三联书店 2001 年版，第 237 页。

学；也不会长篇大论集体土地流转，那是经济学。本书要做的是民法学理论上的逻辑论证。改革在即，理论先行。我们承认一切要从实际出发，但如果别人都是错的，只有自己是对的，这本身就不符合矛盾的普遍性和特殊性的马克思主义基本原理，就不是马克思主义的科学的研究态度——实事求是。世界上早已在实践中产生且又经过许多国家实践证明是正确的理论，我们为何不可以直接“拿来”呢？纪坡民先生的“产权先于交易”的见解颇有见地：“综上所述，我们按照毛泽东同志‘实践—认识—实践’的公式，对‘产权系统’进行了一番认识论的考察之后，从我国市场经济的建设对‘产权系统’迫切需要的现实来看，我们的结论是：‘产权先于交易’。”[①]因此，在新形势下，如何有效地推进农村土地确权是一个较新的课题，也很有现实意义和理论价值。

三、研究综述

（一）中国早期社会土地基本制度的研究

学术界对于中国早期社会土地制度的研究主要侧重于文献史料的梳理，如程念祺认为：“中国早期社会的土地所有制，是村社共同体的土地公有制，和名为‘公田’的各级统治者的土地私有制。而土地的国有制，则形成于春秋战国时期。”[②]学者古红梅认为：“土地私有制自从战国时期产生以来，一直是中国土地所有制的主要形态，虽然各个朝代私田和官田比例有所不同，但私田在国家土地中所占比例向来都很高。”[③]刘鹏、李显勇也认为“地主土地私有制是封建土地所有制的主体”[④]。可以看出，土地私有是研究早期社会土地制度的主流观点。

（二）改革开放后农村土地制度改革等问题的研究

（1）改革开放初期，学术界围绕包产到户进行了探讨。

对于家庭联产承包责任制，有学者认为：“像（编者注：原文为“象”）历史上许多重大的改革那样，包产到户引发出来的问题要比它直接解决了的问题更为广泛和深刻。正当国内外舆论普遍肯定中国农村改革大功告成的时候，更深层的改革任务却连同它们极为繁难的特性一起，一下子从农村现实生活中露了

---

① 纪坡民：《产权与法》，生活·读书·新知三联书店2001年版，第45-46页。

② 程念祺：《试论中国古代土地制度的公有、私有与国有问题》，载《史林》1997年第3期，第1-10页。

③ 古红梅：《中国土地所有制之历史发展探源》，载《北京联合大学学报（人文社会科学版）》2011年第2期，第115-119页。

④ 刘鹏、李显勇：《中国土地制度演变及当下改革路径探析》，载《商品与质量》2012年第S7期，第72-73页。

头。愈来愈多的农民、农村工作者和研究者，都用不同的方式表达着对农村面临的新问题的某种困惑，表达着对解决这些新问题前景的某种困惑。这表明，大规模发展现代商品经济，超越了中国农村以往积累的全部经验。"[①]学者们对土地所有制形成了土地国有化、土地私有化以及坚持和完善集体所有制三种观点。

"土地国有化"论者认为，"所谓'农村土地集体所有制'从来就没有真实地存在过。""社会主义实践的发展已经达到了这样的程度，是还农村土地国家所有制的本来面目的时候了。"[②]农地国有化不损害农民利益，还有助于规范地方政府的行为，保护农民利益。[③] 学者安希伋撰文指出，"在人民公社时期，农村土地确属集体所有。但是人民公社解体以后，农民集体作为一个经济组织事实上已经不存在了。并且，也没有产生一个新的集体经济组织取代人民公社。"因此，实行土地国有化就成为一种现实可行的制度选择，而且这种选择在我国的经济、政治和社会生活中不会引发剧烈动荡。[④] 孙自铎对于农地制度改革方案的总体设计提出了"国有村管民营"的方式，认为"土地私有不仅与社会主义制度相悖；而且巩固了土地的小规模经营，加大了农地使用成本，不利于农业生产和经济发展。""现存的土地集体所有，对农业家庭经营、对农民利益并不起到保护作用。""而只要处置得当，采取逐步渐进方式，土地的国有化并不会发生人们想象的那样要付出巨大的政治成本。"现有农地制度则可采取国有村管民营方式，国有目前仅仅是法律观念上的，甚至近期连法律上的认定也不必明确。村管即村仍然实行对区域内的土地承包、相互转让，使用中的收费(暂时)管理等。民营即农民家庭经营，任何公民只要从事农业生产就有权经营土地。"[⑤]余先念认为，土地私有制"不会促进土地产权的自由交易市场的形成，……从而使规模经营的目标落空。……集体所有制下的土地商品化经营虽然也引进了土地租赁制，但虚化了国家对土地的所有权，强化了条块分割，不利于国家对土地产权的宏观管理。且土地产权集体所有，阻滞了土地产权及土地使用权的大流通，

① 发展研究所综合课题组：《农民、市场和制度创新——包产到户八年后农村发展面临的深层改革》，载《经济研究》1987 年第 1 期，第 3-16 页。

② 文迪波：《还农村土地所有制形式的本来面目——国家土地所有制》，载《农业经济问题》1987 年第 8 期，第 49-51 页。

③ 转引白俊超：《我国农村土地制度改革研究》，西北农林科技大学 2007 年博士学位论文，第 8 页。

④ 安希伋：《论土地国有永佃制》，载《中国农村经济》1988 年第 11 期，第 22-25 页。

⑤ 孙自铎：《试论农地制度改革》，载《经济体制改革》1996 年第 3 期，第 110-115、136 页。

弱化了微观经济实体——家庭农场的活力，使家庭农场的经营方式及经营目标受到集体决策的控制。而土地国有化前提下的土地租赁制则能有效解决以上的几个问题。”[①]杨勋从土地资源的特殊重要性及其在我国的极端稀缺性等四个方面论证了“国家所有，私人经营”在现阶段我国社会政治、经济、技术、文化综合条件下农村土地产权制度的最佳选择。[②] 至于实行土地国有化的具体方案，不同学者主要有两种意见。一种意见认为，“实行土地经营的国家租赁制，就是由国家来管理土地，实行竞争基础上的租赁经营。办法是，成立国家土地经营与管理部门，负责管理全国（包括农村）土地的使用：农户同国家土地经营与管理部门签订土地租赁合同，按规定缴纳地租；每个农户都有租赁土地从事农业经营的权利和退租的权利。”[③]另一种意见认为应实行国有永佃制，“土地所有权属国家，国家通过永佃合同统一安排种植计划，征收地租与农业税合一的地租；土地经营权属永佃人，永佃人根据永佃合同，可以长期经营土地，并可对佃权进行继承和转让等。”[④]

“土地私有化”论者认为，“承包制激发了农民的劳动积极性，因而短期内是有效的，但这种制度无助于激发农民的长期投资愿望，因而其效率只能是越来越低。解决这一问题的根本办法是实行土地私有制。在一个生产力落后、土地资源不足、土地使用效率和土地肥力不断走向恶化的国家里，必须按照现代商品经济发展的要求来重新构造土地所有权制度。只有土地所有权主体明确，才有可能提高土地经营的长期效率，充分发挥市场对土地资源的调节作用。因此应该让农民把土地所有权购买下来，然后再合股经营。”[⑤]学者李永民提出土地农村国有基础上的农民个人专用占有制的观点，打破全民所有制和集体所有制就是社会主义的神话，将农村土地的所有权给予农民，真正实现马克思所说的“重建个人所有制”，土地国家所有，国家对土地进行税收管理和法律保护[⑥]。

“坚持和完善集体所有制”论者认为，“我国是社会主义国家，但尚处于社会主义初级阶段，我国社会生产方式的基本特征应以社会主义公有制、按劳分配

---

① 余先念：《未来农村土地使用制度的模式选择》，载《经济问题》1993 年第 8 期，第 25-27 页。

② 杨勋：《国有私营：中国农村土地制度改革的现实选择——兼论农村改革的成就与趋势》，载《中国农村经济》1989 年第 5 期，第 23-29 页。

③ 蔡昉：《农村经济发展特征与下一步改革》，载《经济研究》1987 年第 8 期，第 63-67 页。

④ 张全江：《应建立农村土地国有制下的永佃权法律制度》，载《现代法学》1988 年第 6 期，第 20-23 页。

⑤ 史锋：《农村土地制度创新与农业可持续发展》，成都理工大学 2008 年硕士学位论文，第 5 页。

⑥ 李永民、李世灵：《农村改革的深层障碍与土地产权构建——简述我们同流行的理论观点的分歧》，载《中国农村经济》1989 年第 6 期，第 43-49 页。

为主体，……我国社会生产力和商品经济的发展水平还很低，……人地矛盾突出。与此相应，我国现行的集体所有家庭承包经营土地制度在其基本形态上是基本适应我国现阶段社会生产方式和基本国情的，……这就决定了我国现行农村土地制度改革的重点不是改变土地所有制，而是完善两权分离机制；其中心目标，应该是在保持土地集体所有制前提下的土地产权关系和土地使用经营制度的改革，建立和健全土地有偿使用和合理流动机制”①。“实际上，基于上述基本国情，我们要使农民在生活水平基本不降低的情况下来提高耕地的利用效率，选择的空间并不大，完全不必要采用太复杂的或动作过大的变革。因为这种变革既缺少现实效率，又具有大得难以估计和控制的风险。”②“土地集体所有制本身并无固定的、无可更改的模式，而是具有相当大的可塑性。在国有制和私有制这个中间地带中，给集体所有制留有较广阔的余地，它可以多种模式出现。因此，改革和完善土地集体所有制就是唯一的出路。”③

（2）20世纪80年代后期至90年代中后期，对各地农村土地制度创新实践的分析成为研究的重点。

如对于在实践中呈现扩散发展态势的“两田制”模式，孔泾源认为，该制度安排只适用于农地资源相对充裕的地区，对于那些土地稀缺、农村人口众多的地区，“两田制”缺乏应有的现实性，不具有农村普遍意义。④ 骆友生认为，以山东省平度市为典型代表的“两田制”的核心内容之一是形成了土地与劳动力的合理结合与农村土地优化配置机制，因为“两田制”中的“口粮田”设计满足了农民稳定占有土地的普遍心理，而“责任田”设计满足了政府与社区的利益追求，因此从根本上减少了均田制度下的不确定性与人为的交易费用，其制度绩效远远大于其制度缺陷，在一定程度上实现了“帕累托改进”。⑤ 对于在一些发达地区出现的土地股份合作制，蒋励认为，这一制度安排建立起了集体土地权益由集体与农户共享的集体土地产权制度，是农村土地制度改革的最优选择。⑥ 靳相木认为农村土地股份合作制是我国农业集体经济在劳动群众集体所有制自

---

① 刘书楷：《构建我国农村土地制度的基本思路》，载《经济研究》1989年第9期，第56-62页。

② 陈吉元、邓英淘、姚钢、徐笑波：《中国农村经济发展与改革所面临的问题及对策思路》，载《经济研究》1989年第10期，第17-26页。

③ 史锋：《农村土地制度创新与农业可持续发展》，成都理工大学2008年硕士学位论文，第5页。

④ 孔泾源：《中国农村土地制度：变迁过程的实证分析》，载《经济研究》1993年第2期，第65-72、16页。

⑤ 骆友生、张红宇：《家庭承包责任制后的农地制度创新》，载《经济研究》1995年第1期，第69-80页。

⑥ 蒋励：《股份合作制：农村土地制度改革的最优选择》，载《农业经济问题》1994年第12期，第30-34页。

身范围内的扬弃，即集体成员对集体土地资产的平等无差异共同占有转变为股份式有差别的共同占有，标志着劳动群众集体所有制找到了适应市场经济要求的实现形式。[①] 綦好东将土地股份合作制与“两田制”、规模经营等土地制度创新形式进行比较后认为，土地股份合作制已经触及到了深层次的农村土地产权关系，实质上是对农户私有土地产权的承认与落实，因此这种深层次的产权结构建设不仅是必要的，而且是可行的。[②]

1998 年中共十五届三中全会召开，学界又进行了持久而热烈的带有根本性的探讨。

(3) 20 世纪 90 年代末以来，学术界再次围绕农村土地产权制度是否要进行根本性的变革进行了激烈的辩论，对现行农村土地制度的内在缺陷、农村集体土地确权登记颁证的完善等问题进行了深入的研究。

① 农地产权制度变革研究。

家庭承包经营体制为我国农业经济发展产生过重大作用和影响，但其自身的弊端也很明显。土地平均分配，阻碍了土地与劳动力、资本和技术等生产要素的优化配置；土地承包过于分散，农地经营规模狭小，制约了科学技术和农业机械化的推广应用，阻碍了农业现代化的进程。围绕如何解决这些问题以及对于农村土地产权制度是否要进行根本性的变革，学界再次掀起争论的热潮，学者们的思路基本分为两种：一是取消家庭承包责任制，实行私有化，将农村集体土地所有权确认到户；另一种思路是竭力反对私有化，在不改变现行农村土地基本制度前提下，做两方面工作，一方面需要稳定农村的土地承包关系，另一方面需要建立科学的农地流转机制，促进土地的适度规模经营。

学者杨小凯、文贯中、陈志武、周其仁、茅于轼、党国英、于建嵘等是土地私有化主张的代表。茅于轼认为，“三农”问题长期难以解决的原因在于没有抓住根本，一直在外围兜圈子，“三农”问题的核心问题是农民对于土地的所有权。一些学者认为，土地私有制与市场经济之间是一种高度融洽的关系，土地私有制是无法抗拒的经济规律，土地私有化不仅会使现在相对贫困的农民变得更富，推动整个农村产业化和劳动力的转移，也能增加地方政府的财政收入。在具体的变革路径上，有学者提出在国家积极干预下分地区、有步骤地推进农地

① 靳相木：《论五十年代初级农业生产合作社的产权制度——兼析新形势下发达地区农村股份合作经济的制度渊源及发展前景》，载《经济科学》1995 年第 6 期，第 22-27 页。

② 綦好东：《我国现行农地产权结构的缺陷及重构的实证分析》，载《农业经济问题》1998 年第 1 期，第 18-22 页。

私有化的建议(李成贵,2000)。“中国目前存在的‘三农’问题,根本症结就在于农村土地不属于农民所有,从心理上,农民不认为自己种的地是自己的,所以没有长远投资于土地的打算。”“土地私有化只会去掉村干部定期按人口变化调整土地分配的特权,因而减少此特权引起的贫富分化。”“土地所有权私有化不但对经济发展有重大意义,而且对减少社会纠纷,安定社会,稳定地方财政有重大意义。”[①]“目前,中国正好经历城市化的加速时期。如果能抓住这一机会使农地尽速私有化,不但会帮助农民中的强势群体成为中国农业的中流砥柱,而且会帮助农民中的弱势群体较快地转移到生存条件更好的城市。在这一过程中,农地私有化将提供第一推动力,将农民中的弱势群体逐渐推出农业和农村。”[②]“农民自用的建设用地一旦经由市场竞价,可能表现为惊人数目的货币财富。”[③]“……于建嵘表示,首先要做的是明确农民的土地所有权,要从法律上把农民的土地还给农民,然后才考虑用市场手段来解决农地征用问题,探索建立农地直接入市交易等制度。”[④]

土地国有论者提出了针锋相对的看法,温铁军认为,土地私有化与我国新农村建设背道而驰,“令人不解的是,因照搬‘私有化+市场化’教条而失败的经验比比皆是,而理论界的不少学者却依然对其深信不疑。”[⑤]“假定土地私有化就能更好地保障农民的权益与收益,这是对世界历史,尤其是近代社会转型史的惊人无知。一旦中国的土地私有化,中国历史上不断重复的土地兼并问题必定再次出现。中国改革开放三十年,经济持续增长的同时,社会总体保持稳定,土地家庭承包经营制度是一个最基本的原因。它是中国农村社会,进而全中国社会保持稳定的一块重要基石。……在目前及今后一段时间内,我们必须毫不动摇地坚持此项基本制度,必须毫不含糊地反对土地私有化。”[⑥]研究土地私有化,不能不关注贺雪峰,李昌平称其为中国最著名的反对土地私有化的三农学者之

① 《中国改革面临的深层问题——关于土地制度改革——杨小凯、江濡山谈话录》,载《战略与管理》2002年第5期,第1-5页。

② 文贯中:《解决三农问题不能回避农地私有化》,载《中国与世界观察》2007年第8、9期,第186-210、233页。

③ 周其仁:《试办“土地交易所”的构想——对成都重庆城乡综合配套改革试验区的建议》,载《中国科技投资》2008年第8期,第26-27页。

④ 赵凌:《农民维权重心重大变化:从税费负担到土地纠纷》,载《南方周末》2004年9月2日。

⑤ 温铁军:《我国为什么不能实行农村土地私有化》,载《红旗文稿》2009年第2期,第15-17页。

⑥ 曹锦清:《土地家庭承包制与土地私有化》,载《华中科技大学学报(社会科学版)》2009年第1期,第6-7页。

一,"改变现有的产权制度是不切实际的浪漫主义情绪"是贺雪峰的经典语句,"当前中国出现的关于土地制度的不切实际的浪漫主义情绪,是十分误导且有害的。若我们不能真正深入地分析和理解中国农村土地制度的内在逻辑,不能厘清当前土地制度上的种种想当然,我们就可能丧失自己在土地制度上的优势,而选择一条错误的道路。当前中国土地制度具有很好的优势,完善而非改变当前的中国土地制度,才是我们需要努力的方向。"[①]刘晓炜也提出"土地私有化论者的观点是站不住脚的,土地私有化不是解决三农问题的良方。"[②]"无论是从中国历史的经验教训,还是从维护农民利益来看,土地私有化的主张都是错误和有害的。""无论是从实现土地合理规模经营、农业现代化,提高土地利用效率,还是从清除土地腐败,促进工业化和城镇化健康发展,从根本上解决'三农问题'来看,土地私有化都不是出路。"[③]"农村土地集体所有制好还是不好?对于这个问题,首先应当看实践效果,农村土地集体所有制作为生产关系,在适应生产力发展要求方面,比民国时期的土地私有制具有更为广泛的适用性和优越性;其次,从理论上看,农村土地集体所有制更有利于体现'耕者有其田'原则。"[④]反对土地私有化论学者很多,观点也林林总总,不一而足,下面做个简要评析。

农村集体土地"公有论"者主张归国家或集体所有,"私有论"者主张归农民所有。两派之争都源于两大外来的理论体系:一是以科斯为代表的新制度经济学,一是以马克思为代表的政治经济学。

"公有论"者认为公有制是社会的基础,动摇了农地公有制,土地将会集中兼并,出现大量流民,社会将会因此动荡不安,所以,改革的良策应该是坚持并完善农地公有制。

"私有论"者认为,产权清晰是资源优化配置的基本条件,农地产权清晰最简单的方法就是私有化,私有化之后,人们就拥有完整产权,交易费用降低,进入市场顺利,经济效率也突显出来,这也最符合新古典经济学的种种模型。因此,农地私有化被很多学者认为是解决当前中国农地问题的最佳对策。两大派别在理论上各有说辞,难分高下。尽管"公有论"为当前国内主流学派,"私有论"常常遭到种种责难,但是两派的主张从不同程度上都左右政府的改革选择,

---

① 贺雪峰:《浪漫主义想象误导土地制度改革》,载《人民论坛》2011年第28期,第28-30页。

② 刘晓炜:《驳土地私有化论》,载《贵州财经学院学报》2006年第1期,第67-70页。

③ 简新华:《为什么我国实行土地私有化是有害的》,载《红旗文稿》2013年第19期,第21-26页。

④ 徐祥临:《农村土地私有论可休矣》,载《人民论坛》2011年第28期,第30-31页。

使政府决策处于进退维谷的状态。无谓的争论只会延误改革。因此，跳出农地产权改革的“公”与“私”之争的困境，必须从理论与现实上追根溯源，探求农地产权的本质。要想改变农地产权制度的“锁定状态”，解决这个令人困惑的问题，必须正本清源，从更高的理论层面阐明农地产权性质的问题。

② 农村土地确权研究。

近年来，我国政府一再提出推进农村土地确权，在不少地区开展了试点工作，取得了一定的进展，但出现的问题更多，也牵扯出以往对农村土地制度改革的种种理论探讨与争论、政策出台背景及实效等。因此，农村土地确权也成为国内政界、学界等社会各界关注的焦点。

土地确权产生的背景。为什么要确权，确的是什么权，权利确给谁？学界的争论让我们还是先回到本世纪初的“公”“私”之辩。“当前农村集体土地产权制度存在的缺陷主要表现为：产权主体界定不明和权利内涵的模糊性，土地产权关系混乱和权能残缺，资源配置的僵化和对要素市场流转的阻碍等。关于这一点已经见著于大量的文献资料。”[①]针对我国土地产权制度的不完善，众多学者提出对现有产权制度进行改革，主张明晰产权，稳定地权。国有论者主张将土地收为国有，实施国有土地永佃制。何炼成(2004)提出，农村土地所有权全部归国家所有，但允许农民保留使用权，农户有权利享有对土地的支配权，同时允许多种形式的土地流转。私有论者主张将土地归农民私人所有，由农民土地私有制取代家庭联产承包责任制。杨小凯(2002)、文贯中(2006)表示，现有的产权制度的农地不属于农民所有，因此他们缺乏对土地的长期投资，土地资源未能集约节约化利用。白秋霞(2005)提出将所有权界定给农民，这样有利于清晰产权，进而才能促使土地市场的有效运行。多元所有论者主张集体所有制不应该仅局限于集体所有和农户经营这一模式，可以根据不同的地域情况和要求采取不同的土地制度。

无论是私有论者或者是国有、集体所有论者，都旨在明确产权主体，稳定地权。可见，明晰产权，稳定地权，实现农村产权永久不变，在理论界已达成了共识。

关于农村土地确权的意义、原则、方案，农村土地权属及其争议处理，农村土地产权制度改革等方面均有研究成果问世。周其仁(2010)认为，土地确权是改善现有土地制度不完善的有效手段，有利于真正实现产权明晰，还权赋能，给

---

① 康雄华：《农村集体土地产权制度与土地使用权流转研究》，华中农业大学 2006 年博士学位论文，第 5 页。

农民更多的权益。“确权”绝非权宜之计，而是让农村居民与城市居民享有同样财产权利这样带根本性的制度改革和制度建设。[①] 唐贤健、张因(2012)阐述了土地确权的意义，土地确权顺应了农村的整体发展思路，是土地流转的前提和基础，对“三农”发展起到促进作用。关于土地权属争议的研究，成果较多。尚作为(2010)对土地权属争议的界定进行了阐述。于丽娜(2010)分析了土地权属争议调处中存在的问题。郑小霞(2009)分析了农村土地权属纠纷的形成原因，并就其解决机制进行了讨论。

关于农村土地确权的研究虽然不少，但深入的研讨似乎不多见，也很少涉及农村土地确权的困难及其解决之道。

综上分析，学术界对农地确权已经取得了大量的研究成果，但理论研究偏多，定量及实证研究较少；研究内容较为零散，对于农村集体土地确权后的运行，现阶段还没有找到相关研究文献和资料。

（三）马克思土地产权制度问题的研究

马克思的土地产权理论是一个科学的理论体系，洪名勇通过对《资本论》《剩余价值理论》《政治经济学批判》等经典著作中蕴藏十分丰富的土地产权理论的研究认为：“马克思的土地产权理论主要包括土地产权制度及其变迁理论、土地产权权能理论、土地产权结合与分离的理论、土地产权商品化及配置市场化的理论。”[②]“马克思笔下的土地产权，是指由终极所有权及所有权衍生出来的占有权、使用权、处分权、收益权、出租权、转让权、抵押权等权能组成的权利束。”“土地终极所有权，……是指土地终极所有权主体把土地当作他的意志支配领域而加以保持，排斥他人并得到社会公认的权利。”[③]马克思认为，土地所有权的前提是，一些人垄断一定量的土地，把它当作排斥其他一切人的、只服从自己私人意志的领域。[④]

(1) 马克思关于社会主义土地公有产权理论。

① 关于社会主义土地合作社产权——集体产权制度的思想。1874～1875年间，马克思在《巴枯宁〈国家制度和无政府状态〉一书摘要》中指出，“无产阶

---

① 周其仁：《还权赋能——成都土地制度改革探索的调查研究》，载《国际经济评论》2010年第2期，第54-92,5页。

② 洪名勇：《论马克思的土地产权制度及其变迁理论》，载《贵州财经学院学报》1996年第4期，第16-19、30页。

③ 洪名勇：《论马克思的土地产权理论》，载《经济学家》1998年第1期，第28-33页。

④ 《马克思恩格斯全集(第四十六卷)》，人民出版社2003年版，第695页。

级……将以政府的身份采取措施，直接改善农民的状况，从而把他们吸引到革命中来；这些措施，一开始就应当促进土地的私有制向集体所有制过渡，让农民自己通过经济的道路来实现这种过渡；但是不能采取得罪农民的措施，例如宣布废除继承权或废除农民所有权”[①]。马克思的这段论述中包含了引导小农经济走社会主义道路的两条原则：一是无产阶级革命后，必须改造小农经济，但不能直接把小农经济国有化，首先要使小农所有制逐步向集体所有制过渡；二是这种过渡必须由农民自觉自愿地通过经济道路来实现，不能强制。

② 关于社会主义土地国有产权制度的思想。马克思在《论土地国有化》一文中明确指出：“土地国有化将彻底改变劳动和资本的关系，并最终消灭工业和农业中的资本主义生产方式。”[②]

③ 关于共产主义无土地产权制度的思想。在《资本论》中马克思指出：“从一个较高级的社会经济形态的角度来看，个别人对土地的私有权，和一个人对另一个人的私有权一样，是十分荒谬的。……甚至整个社会，一个民族，以至一切同时存在的社会加在一起，都不是土地的所有者。……他们只是土地的占有者，土地的利用者”[③]。马克思在这里讲的“较高级的社会经济形态”洪名勇认为实质上指的是共产主义社会的经济形态，那时，全人类及其绵延无尽的后代，都是土地的共同所有者。按照产权排他性的含义来理解，其实共产主义社会是没有土地产权制度的。[④]

(2) 马克思关于“重新建立个人所有制”的研究。

马克思在《资本论(第一卷)》第 24 章阐述资本主义积累的历史趋势时指出：“从资本主义生产方式产生的资本主义占有方式，从而资本主义的私有制，是对个人的、以自己劳动为基础的私有制的第一个否定。但资本主义生产由于自然过程的必然性，造成了对自身的否定。这是否定的否定。这种否定不是重新建立私有制，而是在资本主义时代的成就的基础上，也就是说，在协作和对土地及靠劳动本身生产的生产资料的共同占有的基础上，重新建立个人所有制。”[⑤]1875 年，马克思在亲自修订过的法文版《资本论》中又补充说，历史上存

① 《马克思恩格斯文集(第三卷)》，人民出版社 2009 年版，第 404 页。

② 《马克思恩格斯文集(第三卷)》，人民出版社 2009 年版，第 233 页。

③ 马克思：《资本论(第三卷)》，人民出版社 1975 年版，第 875 页。

④ 洪名勇：《论马克思的土地产权制度及其变迁理论》，载《贵州财经学院学报》1996 年第 4 期，第 16-19、30 页。

⑤ 《马克思恩格斯文集(第五卷)》，人民出版社 2009 年版，第 874 页。

在过的劳动者的私有制，被资本主义私有制否定了；共产主义所要重新建立的，不是“劳动者的私有制”，而是“劳动者的个人所有制”。[①] 多年来，围绕马克思“重新建立个人所有制”的论述，学界进行了热烈的讨论，特别是随着改革的不断深入，许多人又重提对这一命题的阐释。可以说，几乎穷尽了所有可能的理解，至今却未达共识。有学者甚至认为，仅以有限的历史经验，还难以完全证实马克思的这一设想。要真正解决这一犹如数学王国中的“哥德巴赫猜想”的问题，仍面临较大的困难。

该如何理解马克思“重新建立个人所有制”的思想，理论界具有代表性的意见大致可以归结为以下三种：第一，马克思要“重新建立”的“个人所有制”，是指“生活资料的个人所有制”。第二，马克思要“重新建立”的“个人所有制”，是指生产资料“人人皆有的私有制”，即社会的生产资料归每个社会成员私有，不存在有些社会成员有生产资料而有些社会成员没有的现象。第三，马克思要“重新建立”的“个人所有制”，指的是生产资料的公有制。此外，学术界还有以下意见：马克思要“重新建立”的“个人所有制”，是指“劳动力个人所有制”；马克思用“重新建立个人所有制”所表达的重点和要义，不是客观财产的归属权，而是人的彻底解放；马克思的“重新建立个人所有制”，是在充分发展的资本主义基础上建立起来的高度发达的公有制，是“既是个人的又是公共的所有制”，是生产资料个人所有制与生产资料公有制的辩证统一，等等。于是，马克思“重新建立个人所有制”的论述，成了一个无解的命题，构成了经济学的“哥德巴赫猜想”。[②]

（四）国外学者对我国农村土地制度等问题的研究

20 世纪早期，国外一些学者就开始涉足研究我国的农业与农村问题。当时一些在国内大学任教的西方学者运用西方社会学理论对我国乡村进行研究。Putterman 等学者利用“公有物悲剧”理论和分析方法，对我国农村土地所有权制度进行研究和分析后认为，中国的农村土地所有权与其说是农村集体所有权，不如说是一种地方政府的所有权，这种土地所有权制度不可避免地导致中国农村土地资源过度开发和利用，必须将中国农村的集体土地所有权制度改革为土地私人所有权制度，才能避免农村土地的过度开发和利用，实现农业和农

① 张燕喜、彭绍宗：《经济学的“哥德巴赫猜想”——马克思“重新建立个人所有制”研究观点综述》，载《中国社会科学》1999 年第 5 期，第 35-40、205 页。

② 张燕喜、彭绍宗：《经济学的“哥德巴赫猜想”——马克思“重新建立个人所有制”研究观点综述》，载《中国社会科学》1999 年第 5 期，第 35-40、205 页。

村经济的持续发展。[①] 而 Ostrom 等却认为，集体土地产权比私有产权拥有更多的益处，如更低的制度成本、规模经济以及降低风险等，在一些特定的自然、社会和经济条件下，集体土地产权制度可能产生更优的绩效和结果。[②] 德国学者 Toon van Meijl 和 Franz von Benda-Beckmann 从土地财产权利功能的角度对我国农村土地制度进行了分析后认为，土地权利作为最重要的财产权利具有四个功能，即社会功能、经济功能、环境功能和政治功能；中国农村土地制度的改革和设计，必须充分考虑这四个方面的因素，否则，中国的农村土地制度就会阻碍社会经济的发展、造成环境退化和危害社会公共利益与政治稳定等[③]。

① Louis Putterman, " The role of Ownership and Property Rights in China ' s Economic Transition," *The China ' s Quarterly*, 144(1995): 1047-1064.

② Elinor Ostrom, Randall Colvet, Thrainn Eggertsson, *Governing the Commons: the Evolution of Institutions for Collective Action* (Cambridge: Cambridge University Press, 1990).

③ Toon van Meijl, Franz von Benda-Beckmann, " Property Rights and Economic Development: Land and Natural Resources in South-East Asia and Oceania," *Oceania*, 1999.

第四章　农地确权到户的制度变迁

村民小组农村集体土地所有权主体地位来源于原生产队权利主体地位，而生产队的权利主体地位始于1962年2月13日中共中央发布的《关于改变农村人民公社基本核算单位问题的指示》。村民小组集体土地所有权主体地位消解于包产到户，至家庭联产承包责任制的建立则名存实亡。法律规定的缺失、现实的混乱，造成集体所有制的“怪胎”，已经严重影响了农业市场经济的发展和农业现代化的进程。以集体土地所有权和承包经营权确权登记为契机，将村民小组集体所有中的农户承包经营的耕地确权到户，形成农村集体土地分别属于乡镇农民集体、村农民集体、农户家庭集体所有的“三级所有”创新体制，有其理论上的正当性和实践中的合理性。

土地，因为稀缺性和不可替代性而备受重视，成为人们竞相争夺的资源。农村土地承载了太多的综合因素，经济、社会、政治、文化等方方面面。中国社会的未来发展当然也离不开农村土地问题的制约，土地在中国社会中也不再纯粹是一种经济要素和资源，而成为关乎中国政治和社会稳定、影响中央和地方关系、累积金融和财政风险的大问题。[①]“三农”问题的核心是农民问题，农民问题的核心是土地问题，而土地问题的核心则是产权问题。

一、现行农村集体土地产权分析

（一）农村土地的分类及新“三级所有”体制的建立

土地按照地理位置分为城市土地和农村土地。农村土地和城市土地对于中国经济的发展和社会主义现代化建设都具有举足轻重的作用和地位。一定意义上，农村土地制度改革和发展更大程度地制约着我国市场经济发展水平和现代化建设的进程。农村土地又分为国家所有和农民集体所有，集体土地占绝

① 刘守英：《土地问题“政治化”》，载《中国改革》2010年第1期，第80-81页。

大部分，其中农民集体所有土地又包括：用于农业的土地，如耕地等农用地；集体建设用地，如农户的宅基地和乡镇的公共设施等用地；集体预留的机动地；四荒地、拾边地；还有一些未利用地。农民集体所有土地按所有权主体又可分为乡镇农民集体所有、村农民集体所有和村民小组农民集体所有。相对于原来的公社、生产大队、生产队“三级所有，队为基础”的体制，笔者称之为新“三级所有”体制。

（二）本书研究范围

现行农村集体土地分别为三级所有，三级主体之间互不隶属，属于村、组农民集体所有的土地就仅属于该村、组集体所有，乡镇和村集体不能因为行政上的隶属关系同时成为下一级集体土地所有权主体，所有权主体具有唯一性。“所有权的基本法律特征之一，叫排他性或独占性，根本不可能有什么‘双重所有权’或者‘法人所有权’，这是民法学的常识。”[①]“‘双重所有权’以及‘三重所有权’的观点与主张，无疑是错误的。”[②]组集体占有大部分所有权，而组集体所有土地中，农户承包的耕地又占了绝大部分[③]，目前确权确地的重心在农户承包地，问题和焦点亦集中于此。因此，本书拟对村民小组农民集体所有中农户承包经营的耕地进行探讨和思考。

（三）村民小组农民集体所有的主体地位

1. 表面上的主体

根据《中华人民共和国民法通则》第七十四条、《中华人民共和国宪法》第十条、《中华人民共和国土地管理法》第八条和第十条以及《中华人民共和国物权法》第六十条规定，现行农村集体土地所有权主体分别是乡镇农民集体、村农民集体和村民小组农民集体。

2010 年中央一号文件提出，力争用 3 年时间把农村集体土地所有权证确认到每个具有所有权的农民集体经济组织。2013 年年底，基本完成农村集体土地所有权的确权登记颁证。除了极少数的争议地外，有的地方登记发证完成率达到 100%，各地国土资源局正是根据上述规定和历史上的承继关系将农村集体

---

① 纪坡民：《产权与法》，生活・读书・新知三联书店 2001 年版，第 239 页。

② 纪坡民：《产权与法》，生活・读书・新知三联书店 2001 年版，第 163 页。

③ 以黄河村五组为例，耕地为 55.89 公顷，占五组集体土地总面积（园地 1.49 公顷、城镇村及工矿用地 8.92 公顷、交通运输用地 0.87 公顷、水域及水利设施用地 3.23 公顷和耕地共 70.4 公顷）的 79.39%。数据来源：江苏省淮安市国土资源局。

土地所有权确认到相应的农民集体。根据笔者调研[①]，得出 2016 年江苏省六市确权统计数据(表 4-1)。

表 4-1　村民小组集体土地已确权登记面积和比例统计表(2016 年)

	淮安市	盐城市	徐州市	南通市	苏州市	无锡市
已确权登记面积/公顷	653 836.77	1 022 488.2	786 147.64	579 506.68	241 701.1	160 222.83[②]
占集体土地总面积比例	91.44%	91.18%	81.77%	79.46%	65.15%	57.36%

各地国土资源局根据国土资发〔2001〕359 号《关于依法加快集体土地所有权登记发证工作的通知》提出的具体确权要求，对集体土地进行现场勘查、指界、量算面积、绘制宗地图等，于 2013 年落实了中央一号文件内容完成集体土地所有权确权登记颁证。我们发现，村民小组农民集体所有的土地所占的比例最高，这是我国农村地区的大多数情况[③]，笔者调研数据也支持了这个结论。村民小组农民集体土地所有权主体地位来源于原生产队权利主体地位。而生产队的权利主体地位始于 1962 年 2 月 13 日中共中央发布的《关于改变农村人民公社基本核算单位问题的指示》，指示决定将所称的生产小队改称生产队，原所称的生产队改称生产大队，确立生产队为基本核算单位。明确"农村人民公社一般地分为公社、生产大队和生产队三级。以生产队所有制为基础的三级所有制，是现阶段人民公社的根本制度"。1962 年 9 月 27 日，中央发布的《农村人民公社工作条例修正草案》，进一步将三级所有的基础和核算单位调整到生产队，明确生产队是人民公社中的基本核算单位，实行独立核算，自负盈亏，直接组织生产，组织收益分配。农村集体土地"三级所有，队为基础"体制形成，也因此奠

---

① 笔者于 2014 年 7～8 月份，对江苏省六个城市徐州市、盐城市、淮安市、南通市、无锡市、苏州市进行了调研，每个市根据地理区位和人口分布等情况选取了两个县区，每个县区选取了两个乡镇，每个镇选取一个村，每个村选取两个组，每个组随机选取十户农户(共 480 户)进行问卷调查，对组长和村主任进行半结构性访谈。

② 无锡市除江阴市有 28 宗权属争议土地 32.87 公顷没有确权登记外，其他所有集体土地都已完成确权登记颁证，完成率为 99.99%。

③ 1999 年国土资源部调研结论表明，90%的农村集体土地属于村民小组范围内的农民集体所有。参见沈守愚、陈利根《土地的自然性和村民小组的主体权利辨析》，载《南京农业大学学报(社会科学版)》2007 年第 2 期，第 1-4、16 页。

定了此后的村民小组权利主体地位。“在1983年撤销人民公社时，生产大队和生产队也由村民委员会和村民小组所替代，虽然一部分在规模和范围上作了调整，但总体上还是保持了原体制下的土地占有关系。”①

2. 实质中的虚位

【案例】 1998年8月，原告吉某取得第二轮家庭土地承包经营权，共承包经营4.55亩土地（含黄河片1.57亩），并领取了农村集体土地承包经营权证。2000年左右，吉某全家外出打工，将土地抛荒，无人耕种。由于该组还有其他户有类似情形，导致该组按当时规定应履行的各项义务无法完成。2004年，被告玉坝村委会依据当时区政府相关文件精神，将吉某承包的4.55亩土地及其他户承包的土地进行重新调整、划分。2011年，由于台湾农民创业园的开发，被告码头镇政府将被告玉坝村委会的部分土地（含原告黄河片1.57亩）进行流转，将土地承包给三商农业科技有限公司进行开发、利用。2013年5月7日，原告以二被告侵犯原告土地承包经营权为由向法院起诉，要求被告返还1.57亩土地。法院审理后认为：原告虽然持有争议的4.55亩土地承包经营权证书，但由于玉坝村该组的土地已实际进行了重新调整和划分，本案涉案土地已经调整，因涉及大面积土地的重新调整或群体性利益的重新分配的农村土地承包引起的纠纷，依赖民事诉讼程序难以解决，应由地方人民政府先行处理，并非人民法院民事案件受案范围。故本案不属于人民法院民事案件受案范围。裁定驳回原告吉某的起诉。② 原告请求地方人民政府处理，不了了之，结果原告失去了土地。这样的案例作者调研了好几例。③

该案中，诉争土地所有权属于村民小组农民集体，根据《中华人民共和国农村土地承包法》第十三条，村民小组农民集体所有土地由组内农村集体经济组织或者村民小组发包，本案中码头镇政府却充当了发包人的角色。还有，《中华人民共和国农村土地承包法》第二十七条：“承包期内，发包方不得收回承包地”，第二十八条：“承包期内，发包方不得调整承包地”，玉坝村委会并非该承包地的发包方，不仅在承包期内收回了承包地，还将承包地重新调整、划分，他们没有根据国家法律，而是依据当时区政府相关文件精神，侵犯了本案中真正的权利主体——村民小组农民集体的权力。这并非个案，而是普遍存在的事实。

① 于建嵘：《农村集体土地所有权主体辨析》，载《中国法律》2009年第1期，第13-15、73页。

② 淮安市淮阴区人民法院（2013）淮陈民初字第0236号民事裁定书。

③ 见淮安市淮阴区人民法院（2013）淮渔民初字第0071号民事判决书，江苏省淮安市中级人民法院（2014）淮中民终字第0426号民事裁定书等。

笔者曾试图在所调研的 6 个市中寻找村民小组内行使该集体土地所有权的集体经济组织，一无所获。再考察一下如今的村民小组，与当时的生产队及后来的村民小组比较，情况变化非常大，有的连名称都不存在了①，即使还有所谓的村民小组，组织机构的设置、功能等也几近瘫痪。笔者所调研的 24 个行政村里，15 个村根本就没有下设村民小组组长，组长全部由村干部兼任，一个村干部通常负责几个组；6 个村中虽然每个组都有名义上的组长，但他们说村里要他们做的事很少，比如上传下达、防病治虫等，很多白天要到附近的工厂上班干活，农忙时还要种地，只有晚上有时间去走家串户通知一下，充其量起到“传话筒”的功能；还有 3 个村不仅没有组长，村干部也不去兼任，随便找几个临时联络人，还经常更换。

主体权利虚位还表现在集体土地流转过程中。笔者调研的农村中，除了苏北一个地方的集体土地流转没开始外，其他地方全部开始流转，最多的苏南一个地方 90％的土地流转了，每亩地的价格从 500 元到 1 200 元不等。而签订承包流转合同的一方全部是村委会，无一例外。村委会侵占了村民小组的“领地”，借用纪坡民先生的一句话，叫“鸠占鹊巢”。

学界对于集体土地所有权主体虚位的原因已达成高度共识：集体组织规定模糊不清②，还没有将研究直接深入到村民小组。笔者认为，导致农村集体土地所有权主体虚位的主要原因在村民小组这一级，乡镇和村一级有乡(镇)政府和村委会代为行使权利，且占有的比例原本就不高。学者们的论述都有道理，但真正导致村民小组农民集体土地所有权主体虚位的根源在于包产到户及其后实行的家庭联产承包责任制。

二、村民小组权利主体地位的式微：包产到户

(一) 包产到户经营体制的建立与发展

包产到户是生产队在坚持“三不变”，即坚持生产资料集体所有制、基本经

---

① 如南通市如东县掘港镇环北社区居民委员会，如皋市长江镇二案社区居民委员会，有的还保留原来的组，有的就叫街道了，随着我国城镇化推进，组将逐渐消失。

② 如王利明、周友军：“集体所有权概念本身的模糊性，导致集体所有权的主体不明确、农民权利的虚化。”见《论我国农村土地权利制度的完善》，载《中国法学》2012 年第 1 期，第 45-54 页。邵彦敏：“集体权利主体的多级性法律规定，集体主体虚拟。”见《“主体”的虚拟与“权利”的缺失——中国农村集体土地所有权研究》，载《吉林大学社会科学学报》2007 年第 4 期，第 34-38 页。还有丁关良(2000)、于建嵘(2001)、庞锋(2010)、李宴(2011)、祝之舟(2011)、施建刚(2012)等学者持类似观点。

济核算单位、定产部分统一分配不变的前提下，把全部农活和产量包到户，以地定产，以产定工，定产以内统一分配，超产归己，减产受罚的一种责任制形式。[①]

我国农业初级合作化不能很快地适应农业生产规模的扩大化，致使相当多的合作社出现了不同程度的管理上的混乱。1956 年 5 月，中共永嘉县委在雄溪乡燎原社进行农业生产产量责任制的试验，在中国首创“包产到户”。1957 年夏季，温州地区各县有 1 000 个农业合作社实行了这种办法，但随后受到批判并被“纠正”。1978 年春天，为了抗御旱灾，安徽省不少生产队也实行了包产到户，至 1979 年全省约有 10％的生产队实行了这种生产责任制。同时，在贵州、四川、甘肃、内蒙古、河南等省、自治区的一些穷困生产队也实行了这种生产责任制。最早恢复包产到户做法的是安徽凤阳县小岗生产大队（小岗村）。包产到户得到了邓小平和当时的安徽省委书记万里的支持。这种情况下，1980 年 9 月，中共中央印发《关于进一步加强和完善农业生产责任制的几个问题》的通知，提出了对于包产到户区别不同地区、不同社队采取不同的方针，并肯定了包产到户的做法。而后，包产到户作为家庭承包经营的一种形式，在全国农村迅速地采用和推广。

随着农村经济体制改革的深入发展，包产到户逐步演变为包干到户的形式。“包干到户是在坚持基本的生产资料——土地公有制不变的前提下，生产队把土地等生产资料分包给社员户使用，由社员户主要独立进行生产。社员户保证完成公购粮和各种农产品交售任务，保证上交生产队的各项提留，其余产品都归自己所有。”[②]如果说包产到户的做法削弱了村民小组权利主体地位的话，那么包干到户则是加速了这一进程。当初的情形用群众的话说就是：“交够国家的，留足集体的，剩下全是自己的”。

（二）家庭联产承包责任制建立

1978 年党的十一届三中全会后，发动和推进家庭联产承包责任制成为中国农业政策的一个十分重要的组成部分。1980 年 5 月 31 日，邓小平发表了著名的农村问题谈话，肯定并鼓励了包产到户的做法。1983 年的中央一号文件指出，十一届三中全会以来，我国农村普遍实行了多种形式的农业生产责任制，而联产承包制又越来越成为主要形式，林业、牧业、渔业，开发荒山、荒水以及其他多种经营方面，都要建立联产承包责任制。既然得到了中央肯

① 文景:《包产到户与包干到户的同异》，载《理论学习》1982 年第 2 期，第 18-20 页。

② 文景:《包产到户与包干到户的同异》，载《理论学习》1982 年第 2 期，第 18-20 页。

定，实际上农户也以家庭承包经营为主。人民公社体制基本趋于解体，农村集体土地以家庭承包经营为核心、以包干到户为主要形式的家庭联产承包责任制。集体经济组织和家庭承包户签订承包合同。家庭联产承包责任制的推行，使农民生产的积极性大增，解放了农村生产力。由于人们过于看重其积极作用，而忽视了另一个问题，村民小组权利主体地位的逐渐消解。包产到户前的生产队，仍是农村基本核算单位，牢牢占据集体土地权利主体地位。包产到户后，生产队的权利主体地位和生产、管理等功能有所削弱，但还主导着生产。随后的包干到户以及农村家庭承包责任制的建立，原交由集体统一生产经营的大型牲畜、农具、耕地等生产资料全部分配到以家庭为单位的农户，公社的经济职能和生产大队以及生产队对集体土地的管理名存实亡。1984 年年底，为了适应新的形势发展，全国基本完成由社到乡的转变。可以说，后来的村民小组虽名义上承继了生产队的权利主体地位，但实际上从未起到当年生产队的功能与作用，也因此从 20 世纪 90 年代开始，尤其是新世纪后，猛烈抨击农村集体土地所有权主体虚位就不难想象。

（三）解决主体虚位的路径选择

学界对于解决农地主体虚位提出了各种不同的改革方案，基本形成了农村“土地国有化”、“土地私有化”以及“坚持和完善集体所有制”三种代表性的观点。“公有论”者从公有制主体地位进行了论证，然“私有论”者则从产权、市场交易等角度据理力争。占主流地位的还有第三种观点，但即使是“坚持和完善集体所有制”论者内部分歧也很大，争论得异常激烈。他们都认为三级所有体制是造成主体虚位的根源，但对于权利主体究竟放在哪一级持不同意见。沈守愚论证了村民小组的权利主体地位后认为，确立现行村民小组（生产队）为村集体土地所有权主体①，认为应将权利主体放在组一级的还有吴祖祥（2008）、周联合（2014）等；李宴认为，村农民集体作为农村土地所有权主体应该是我国法律的唯一选择②，持此论者还有魏波、罗大钧（2006），蔡立东、侯德斌（2009），施建刚（2012）等学者。农村土地问题异常复杂，既然主要问题集中在村民小组，笔者还是坚持先从村民小组集体所有土地改革开始，村集体和乡镇集体土地暂时不动，循序渐进。

---

① 沈守愚、陈利根：《土地的自然性和村民小组的主体权利辨析》，载《南京农业大学学报（社会科学版）》2007 年第 2 期，第 1-4、16 页。

② 李宴：《集体土地三级所有制度的应然法解读》，载《南京大学法律评论（2011 年秋季卷）》2011 年第 2 期，第 196-206 页。

将村民小组集体所有土地确权给村集体所有存在如下问题：第一，村农民集体拥有土地所有权与权利属于权源的法理原则相悖。继承农村生产合作社所有权的是生产队，现在的村民小组。据此，确定集体土地所有权主体按照权源原则应为村民小组，即过去的生产队，绝不是其他任何经济组织或村民委员会。第二，村集体作为所有权主体侵害了全国原600万个生产队和8亿农民的基本财产权利。中共中央1962年2月以“生产队为基本核算单位的决定”就是因为当时生产大队、公社越权挫伤农民生产积极性，为挽回危局，促进农村经济长期稳定发展而采取的正确有效的措施。第三，村集体成为集体土地所有权主体与中央历来规定政社分开原则相悖。第四，村集体拥有集体土地所有权与下列文件相悖：国发〔1995〕7号文、1997年8月27日中共中央办公厅、国务院办公厅《关于进一步稳定和完善农村土地承包关系的通知》都规定“不得随意打破原生产队土地所有权界限”。既然村集体不宜作为组集体所有权主体，乡镇集体当然也就更不宜作为其权利主体。不论将集体土地所有权主体放在哪一级，目前主流观点是对集体进行法人制改革[①]。笔者认为这种改革思路在目前的中国农村同样不可取，在当今农村建立法人组织，根本不具有可操作性，村民小组几近瘫痪，名存实亡，如何去建立这样复杂而又精细的组织？况且村委会也绝不会允许在他们权力“管辖”之下存在这样的组织。[②]

鉴于此，笔者建议彻底取消农村集体土地“三级所有”中村民小组农民集体所有这一级，将组集体所有中的农户承包经营的耕地确权到户，其他的组集体所有土地确权给所在村集体所有[③]，原乡镇集体一级所有仍保持不变，形成农村集体土地分别属于乡镇农民集体、村农民集体、农户家庭集体所有的“三级所有”创新体制。

---

① “以法人改造农民集体是一个切实可行的方案”，高飞：《论集体土地所有权主体之民法构造》，载《法商研究》2009年第4期，第13-22页。持此观点的还有庞锋（2010）、李宴（2011）、王月华（2013）、蔡笑（2013）、高海（2013）、汪洋（2014）等。

② 还有人主张重建集体经济组织，“重构作为集体土地所有权主体的集体经济组织已成为我国当前农村工作的当务之急”（祝之舟，2011），也是不切实际的想法，一样的道理，不具有可操作性。

③ 仍以黄河村五组为例，该组集体土地总面积为70.4公顷，其中耕地55.89公顷，以即将完成的承包经营权确权登记的数据为准，所有权确认给该组相应的承包经营的农户，其他的园地1.49公顷、城镇村及工矿用地8.92公顷、交通运输用地0.87公顷、水域及水利设施用地3.23公顷确认给黄河村农民集体所有。

三、村民小组权利主体地位的重构：确权到户

（一）相关概念界定

1. 确权

这里所称确权，特指所有权。所有权具有“占有”“使用”“收益”“处分”四项权能。这四项权能，并不是独立的权利。所有权是自物权，只要所有权确定清楚，所有权人就可以自己决定是否对外承包以及自己经营抑或他人经营，时下流行的承包权和经营权没有必要再确权。承包权、经营权是一种用益物权，是他物权，即在他人所有物上设定的权利。“三权分离”的说法与所有权是最充分最完全的物权性质不符。

2. 户

（1）户的含义。

《辞海》对户的含义有六种解释，其中有两种是对我们现在常说的户口管理中的户的概念的概括和抽象。一是以婚姻、血缘关系立户的家庭户，二是居住在一起但是无血缘关系的集体户，本书指家庭户。“户”在法律上的规定来源于《民法通则》第二章第四节的“农村承包经营户”，所有权确权到户中的户与农村承包经营户中的户外延不尽相同。所有权确权到户中的户以 2018 年全国完成承包经营权确权登记颁证为基础，确定家庭承包经营土地的面积和四至，该土地的所有权就属于家庭成员共有，户的人口构成以 2018 年登记在家庭户口簿上的人员为准，不论该成员之前是否有承包地，只要户口在，就是该土地所有权成员中的一员。以后新出生的人员只要户口进入该户，就自然成为该土地所有权家庭共同共有成员中的一员；死亡销户或者户口迁出的，当然该成员就失去资格，该成员共同共有之权利如何处理由该家庭成员协商解决。

（2）户的属性。

第一，法律属性：家庭成员之间的家庭共同共有关系。家庭共有是指家庭成员间基于共同生活与共同经营而发生的共有。[①] 家庭集体承包地确权到户后由家庭成员共同占有、共同经营且用于共同生活，属于家庭共有关系。一旦确权到户，明确了家庭对于集体承包地以户的名义享有一个总的所有权时，家庭成员之间对该全部共有土地将无法也不可能去按确定的份额享有权利和承担义务，也即他们之间是共同共有关系。“将法律规定上的‘农民集体所有’理解

---

① 彭万林：《民法学》，中国政法大学出版社 1999 年版，第 324 页。

为‘全体农民共同所有’，目前被称之为农村集体土地制度改革的重要思路之一。”①

第二，经济属性：户是集体经济组织。按照法国民法典所持的个人主义的民法观，社会的最小单位是个人，因此，民法以个人为参照系制定，不存在于个人之上的户的民事主体地位。梅因在《古代法》中用“从身份到契约”一语概括近代的社会变迁，其核心含义指子女从父权、妻子从夫权、女性从男性的约束中解放出来，获得独立的法律主体资格。家庭在中国法律中占有重要的地位，是重要的法律单位。国家对社会的控制，往往是通过家的中介达于个人的。齐家治国平天下，也是从家开始的。从这个意义上说，民法通则把户作为法律关系主体的一种，受到了中国固有法的影响。另外，家庭是社会的细胞。在社会生产体系中，家庭既是消费单位，又是生产单位。在联产承包责任制推行后，家庭已经代替生产队成为实际中最基本的生产单位。联产承包责任制逐渐消解以后，家庭仍然是最基本的生产单位，再也找不到比家庭更适合的生产单位了，家庭在法律上体现就是本书的“户”。家庭由家庭成员组成，理所当然是一个集体，又承担了经济生产职能，有家长（户主），有成员，分工合作，相互配合，因此，笔者将户定性为集体经济组织。

（二）农地确权到户的根据

（1）确权到户符合权利属于权源法理。

户是组成村民小组的基本单位，组集体所有的土地正是来源于农户当年交出的土地，确权到户符合权利属于权源法理。

我国的农村土地集体所有制是1957年加入高级社的农户将自己的私有土地交出，转为合作社集体所有形成的，“‘转为’不是‘没收’，也不是完全‘强迫’，而是含有一定程度的自愿。这就是权源”②。如今的村民小组集体土地的所有权来源于1957年入社的农户土地私有权。村民小组集体土地属于村民小组农民集体所有，也就意味着组成该集体村民小组的每位成员以一定的形式享有一定性质的权利，学者们绞尽脑汁，试图定性集体组织成员间权利的关系，如农民集体成员共有关系（温世扬、肖方扬），农民新型合有关系（丁关良），总同共有（新型总有）关系（韩松）等。集体土地中的成员个个都是权利主体的组成部分，

---

① 于建嵘：《农村集体土地所有权主体辨析》，载《中国法律》2009年第1期，第13-15、73页。

② 沈守愚、陈利根：《土地的自然性和村民小组的主体权利辨析》，载《南京农业大学学报（社会科学版）》2007年第2期，第1-4、16页。

但实际上是人人无权，对于集体土地所有权的四项权能，权利主体没有一项能真正行使的，农户的承包经营权乃他物权（用益物权），非自物权（所有权）的使用权能。因此，必须舍弃这个模糊的“集体”，还权利主体的真正面目，从“确权”走向全面的“还权赋能”①。

（2）确权到户符合农民强烈的心理预期。

1983年，人民公社体制解体，以包产到户为主要形式的家庭联产承包责任制建立；1984年，中央一号文件《中共中央关于1984年农村工作的通知》规定土地承包期一般应在15年以上；1998年，十五届三中全会《中共中央关于农业和农村工作若干重大问题的决定》将土地承包期再延长30年；2008年，十七届三中全会《关于推进农村改革发展若干重大问题的决定》明确提出现有土地承包关系保持稳定并长久不变，随后进行了集体土地所有权和承包经营权确权登记颁证；2014年，中央一号文件《关于全面深化农村改革加快推进农业现代化的若干意见》再次提出稳定农村土地承包关系并保持长久不变；2014年8月15日，《不动产登记暂行条例（征求意见稿）》出台，将土地承包经营权和宅基地使用权作为不动产权利进行登记，记载于不动产登记簿，由专人保管。由上述文件，我们似乎已经陷入了诺思（1994）在制度变迁理论中预设的“自动锁定”的状态，家庭承包责任制就是把锁，承包期限从15年到30年，给农民的预期就是还会更长。果然，2008年中央全会提出长久不变，即使中央说的是土地承包关系，并非下一轮承包期限是永久的，但作为农民来说，是没法区分的，2014年再次强化了这一制度，再加上全国范围内的确权确地，尤其是进行不动产登记，农民完全有理由深信，现在的承包地就属于自己了，2028年土地二轮承包期满前，国家想脱离此路径将会非常困难，路径依赖得到不断的加强，届时土地承包期是还会再延长30年或者70年②甚至更长呢？

农户对于承包地所有权有强烈的心理预期。如表4-2所示，当问及农户承

① “还权赋能”的提法见周其仁：《还权赋能——成都土地制度改革探索的调查研究》，载《国际经济评论》2010年第2期，第54-92、5页。“更准确地说，改革要归还给农村和农民的财产权利，不但包括农村耕地、山林、建设用地和房屋的所有权和使用权，更包括土地房屋资源的合法转让权。……这套政策包含了一个清楚的经济逻辑，这就是从‘确权’走向全面的‘还权赋能’、通过农村资产的合理流转来实现农村和农民的更高收入。”

② 中国社会科学院农村发展研究所王小映指出：要进一步完善土地承包制，赋予农民更加充分而有保障的土地承包经营权，就必须延长土地承包经营的期限，延长后的土地承包经营期限至少应该与城镇土地使用权的最高期限相当或长于城镇土地使用权的最高期限。见《农村土地制度改革：国际比较研究》，社会科学文献出版社2009年版，第212页。

包地所有权归谁最好时，90.63%认为那当然是归农户自家所有好。不赞成所有权归农户的9.37%中大约6%是村干部，他们坦言，一旦把地给了农民，就不好管理，就没人听他们指挥了。为什么承包地给农户自家最好？农民的回答大同小异，可以自由处置，如继续耕种、买卖、租赁、赠与、继承等。83.37%的农户认为土地以后会分给自己。[①]

表4-2 农户对承包地所有权属于谁最好的回答 单位：%

	徐州	盐城	淮安	南通	无锡	苏州	平均值
国家	2.50	1.25	2.50	0.00	1.25	1.25	1.46
乡(镇)集体	1.25	0.00	0.00	0.00	0.00	0.00	0.21
村集体	2.50	1.25	1.25	1.25	2.50	5.00	2.29
村民小组	0.00	0.00	0.00	6.25	10.00	8.75	4.17
农户(个体)	91.25	93.75	95.00	92.50	86.25	85.00	90.63
其他	2.50	1.25	1.25	0.00	0.00	0.00	0.83

(3) 确权到户的时机条件已成熟。

2013年年底全国基本完成集体土地所有权确权登记颁证工作，除了极少数存有争议的土地外，已将农村集体土地所有权确认到相应的农民集体，绘制了宗地图。2018年年底完成集体土地承包经营权的确权登记颁证，全国不动产登记也全面结束，集体土地所有权和承包经营权作为不动产权利收归国土资源部，由已经成立的不动产登记局管理。这些全面而精准的数据以及全新的机构将为集体土地所有权主体重构奠定现实的基础，易于操作。除了需要将承包经营权证书换发成土地所有权证书外，甚至无须其他任何成本。农民易于接受，过渡自然。

① 侯继虎：《农村集体土地从包产到户到确权到户的制度变迁》，载《中国社会科学院研究生院学报》2016年第1期，第69-74页。

第五章　农地确权到户的保障机制

"三农"问题的核心是农民问题，农民问题的核心是土地问题，土地问题的核心则是产权问题。目前，村民小组集体土地所有权主体地位已经名存实亡。将农户承包的耕地所有权确权到户，形成农村集体土地"三级所有"的创新体制，是目前保障农民土地权益的最佳选择。对确权到户后的原农户承包的耕地实行严格的用途管制，将确保我国的耕地红线和粮食安全。

土地不论处于城市还是农村都是极其重要的资源，在农村被称作农民的命根子。李克强在2013年全国"两会"闭幕讲话中提出了在推进城镇化过程中的"三保"，即必须保住耕地红线，保障粮食安全，保护农民利益。陈锡文于2014年1月4日在清华大学举办的三农论坛的演讲中称，习近平总书记在农村工作会议上始终强调土地制度改革要保障农民的财产权利，不能把农民的利益损害了。如何在加快农村土地制度改革中既能最大限度地保障农民的财产权益，又能保住耕地红线和粮食安全，以及处理好两者关系时政府职能如何定位成了近年来社会各界关注和研究的焦点。

一、研究缘起

2014年11月20日，国务院首次提出农地所有权、承包权和经营权"三权分置"的格局。2015年1月22日，国务院在《关于引导农村产权流转交易市场健康发展的意见》中明确将农村集体土地的经营权独立出来，指出目前农村产权流转交易以经营权为主，不涉及所有权和承包权。于是就有学者认为，将土地经营权从所有权和承包权中独立出来，形成所谓的"三权分置"格局可以更好地保障农民土地权益。还有学者从民法理论提出"三权分置"的提法违背法理且有矛盾之处。根据民法理论，物权按照所有权主体的不同可分为自物权和他物权。自物权是权利主体对自己所属之物享有的完全物权，即通常所说的所有权，具有占有、使用、收益、处分四大权能；而他物权作为种概念又可分为用益物权和担保物权两个属概念，用益物权作为种概念下面又有地役权、承包权、经营权、租赁权、法人财产权和相邻权等若干属概念。可见，所有权、承包权和经营权非同等并列关系。所有权主体经营自己所属之物就不能称为行使经营权，而依然是行使所有权，行使所有权中的“使用、收益”权能。此外，经营权究竟是独立于承包权与所有权并列还是仍然依附于承包权？无论何种回答，“三权分置”的说法都无法自圆其说。如果将经营权从承包权中独立出来，承包权会因为被架空而无实际存在意义，土地流转过程中侵害农户承包权在所难免。课题组通过两个多月的广泛调查[①]发现，在农村集体土地加快流转的形势下，江苏淮安、徐州等地存在着不同程度的强制流转的情况，不少地方将农村集体土地流转的面积、数量作为评比的指标。某某地宣称土地流转已达100%，实际情况是有些农户不愿流转，村干部就以“如果不流转就收回承包地”相要挟。经营权应依附于承包权，农户将集体土地承包下来，是自己经营还是给别人经营，那是农户自己决定的，经营权不应从承包权中独立出来。因此，“将农村集体土地经营权独立出来就能更好地保障农民土地权益”的说法是没有理论根据和现实依据的。纪坡民先生将产权解释为“财产权利”的简称，在《牛津法律大辞典》中，产权被明确为财产所有权，“在法律中，产权主要是指所有权”[②]，如果农村产权交易都不包括所有权，产权交易市场将如何发展？如何处理好这“三权”的关系，既能最大限度地保障农民的财产权益，又能保住耕地红线和粮食安全，根源还在于所有权本身。所有权本身不搞清楚，从承包权和经营权方面研究，尤其是撇开所有权和承包权，仅仅是从经营权上下功夫，是本末倒置的做法，不能从根本上保障农户的土地权益。作者认为，解决问题的关键还应从集体土地“三级所有”体制本身去考察。

二、农户承包耕地的所有权主体分析

“三级所有”指的是农村集体土地分别为乡镇农民集体所有、村农民集体所有和村民小组农民集体所有。既然讨论产权，首先就应确定集体土地所有权主体，针对李克强提出的“三保”，本章仅就村民小组农民集体所有的农户承包经

---

① 课题组于2014年7～8月份，对江苏省六个城市徐州市、盐城市、淮安市、南通市、无锡市、苏州市的农村集体土地进行了调研，每个市根据地理区位和人口分布等情况选取了两个县区，每个县区选取了两个乡镇，每个镇选取一个村，每个村选取两个组，每个组随机选取十户农户（共480户）进行问卷调查，对组长和村主任进行半结构性访谈。

② 张卫东：《新制度经济学》，东北财经大学出版社2010年版，第65页。

营的耕地进行探讨和思考。

笔者曾经撰文指出，村民小组作为农民集体土地所有权主体是名义上的主体，实质中的虚位，名存实亡。既然村民小组农民集体已经不能作为集体土地所有权主体中的一级，那么，本来属于该农民集体所有的农户承包的耕地所有权放在哪一级呢？是上移到乡镇农民集体所有还是属于村农民集体所有？笔者认为，不论放在哪一级，都存在问题。

乡镇农民集体经济组织自 1983 年我国农村实行政社分离改革后客观上已经丧失了存在的社会经济条件，事实上已经不复存在。今天的农村，即使存在这样的乡镇农民集体经济组织，也不符合其主要从事农业生产的本质属性要求，将农户承包的大量耕地所有权移转其所有，不具有现实可操作性，事实上也做不到。

如果将农户承包的耕地移转于村农民集体所有，存在以下问题：第一，村农民集体拥有农户耕地所有权与权利属于权源的法理原则相悖。继承生产队所有权的是现在的村民小组，“在 1983 年撤销人民公社时，生产大队和生产队也由村民委员会和村民小组所替代，虽然一部分在规模和范围上作了调整，但总体上还是保持了原体制下的土地占有关系”[①]。第二，村农民集体成为集体土地所有权主体与中央历来规定政社分开的原则相悖。第三，村农民集体拥有集体土地所有权与中央“不得随意打破原生产队土地所有权界限”的规定相悖。显然，村农民集体也不能作为农户承包地所有权的主体。我们如何改变农地产权制度的这种“锁定状态”，跳出意识形态的窠臼，走出农地产权改革的“公”“私”之辩的困境，解决这个令人困惑的问题，笔者认为，将农户承包的耕地所有权确认到户，取消农户耕地的承包经营权，更不存在有些人提出的所谓的从承包权中独立出来的经营权。如此，将能最大限度保障农户的土地权益。

三、农户承包地确权到户

以已经完成的集体土地所有权确权登记和 2018 年完成承包经营权确权登记和不动产登记为基础，原乡镇、村集体所有的土地暂时不变，取消村民小组农民集体所有土地，其中的农户承包经营的耕地所有权下移确权到户，属于农户家庭集体所有，原组所有的其他土地上移确权到村，属于村集体所有。此举并没有改变农村集体经济组织制度，与宪法吻合，形成了“三级所有”创新体制。

① 于建嵘：《农村集体土地所有权主体辨析》，载《中国法律》2009 年第 1 期，第 13-15、73 页。

（一）相关概念界定

本章所称确权，特指所有权。只要所有权确定清楚，所有权人就可以自己决定是否对外承包以及自己经营抑或他人经营，时下流行的承包权和经营权没有必要再确。所有权确权到户中的“户”在本章中指家庭户，以 2018 年全国完成承包经营权确权登记颁证为基础，确定家庭承包经营土地的面积和四至，该土地的所有权就属于家庭成员共有，户的人口构成以 2018 年登记在家庭户口簿上的人员为准，不论该成员之前是否有承包地，只要户口在，就是该土地所有权成员中的一员。以后新出生的人员只要户口进入该户，就自然成为该土地所有权家庭共同共有成员中的一员，死亡销户或者户口迁出的当然就失去该成员资格，该成员共同共有之权利如何处理由该家庭成员协商解决。

（二）确权到户的法源

农户承包的耕地确权到户的正当性笔者已经撰文进行过论述：户是组成村民小组的基本单位，组集体所有的土地正是来源于农户当年交出的土地，确权到户符合权利属于权源法理；确权到户还符合农民对于承包地所有权强烈的心理预期；确权到户的时机条件已成熟。

（三）确权到户的价值

1. 确权到户有助于厘清所有权理论在现实中的混乱

按照我国现有规定，农户承包地的所有权属于农户所在的村民小组农民集体所有，然该集体作为所有权主体，却从未拥有和行使过所有权的任何权能。该主体既非自然人，也非法人，是一种极其模糊化的组织，因此也就无法行使所有权中的占有权能，从未实际控制过该集体土地。当然，该主体也就从未使用过该土地，自然谈不上任何的收益了，最重要的处分权能也是由村委会取而代之。作为最充分最完全的物权的所有权确认到这样的主体与理论和实践不符，在现实中出现混乱。“落实集体所有权、稳定农户承包权、放活土地经营权”，话虽好听，却不合逻辑。所有权只要明确，无需落实，明确了所有权，是否发包、自己经营抑或他人经营都不是问题。所有权是自物权，承包权和经营权是他物权，他们具有不同的属性和特征，三权分置，看似新颖，实则存在不足。确权到户后，将较好地解决以上问题，还所有权之本源，取消农户承包经营权。

2. 确权到户有利于农地规模化、专业化和市场化经营，更好地促进市场经济的发展

农地的规模化、专业化和市场化，是确权到户的经济功能。为了加快农地市场化流转，逐步形成规模化和专业化，产权的明确界定是前提亦是关键。《牛

津法律大辞典》将产权解释为财产所有权,并得到进一步的阐明。“在法律中,产权主要是指所有权。……根据罗马法,所有权的主要因素是:使用物体的权利、从中取得收入的权利、处分权利,包括让与权。”[①]从古希腊的亚里士多德到英国古典经济学家,都有关于产权如何重要的论述。科斯指出,足够低的交易费用和权利的明确界定是市场交易存在的本质前提。在他看来,外部性及其引起的政府干预完全是因为产权没有得到清晰界定的结果。1960年,他在《社会成本问题》一文中,提出了著名的“科斯定理”:在交易费用为零时,权利的初始界定与资源配置的最终结果无关。实际上,市场交易费用不可能为零,这就是说,在交易费用大于零的世界里,权利的界定非常重要。只有把权利界定给价值更大的一方,才可以保证资源使用的最大价值。产权能够流转是关键。阿尔钦(1972)得出了与科斯定理相同的结论,产权就是一种限制竞争的规则。张五常进一步发挥了上述思想,指出产权不仅是竞争的规则,而且还可以用来解释人的行为,不同的产权规则导致人们不同的行为。[②] 将农村集体土地所有权界定给农户,市场交易费用将最低,土地资源得到最优配置,土地使用产生的外部性尽可能内部化,达到帕累托最优。

3. 确权到户能有效地对抗国家权力的非法侵入,更好地保障农民土地权益

农民土地权益主要有承包经营权、宅基地使用权和征地补偿权。承包经营权和宅基地使用权都是使用权,无法与权利主体对物享有的完全支配的所有权相比。征地补偿并非一种特定的权利,而是农地被征收或征用后得到补偿的一种制度,因为农地的所有权不在于农户所有,因此征收或征用的仅是其使用权而已。既然不是所有权,那么征地机构无须与农民协商,要用就用要收则收,甚至不需要以公共利益为理由。现实中很多村委会可以任意对农户承包地进行调整和划分,农民的土地权益如何得以保障?有学者提出现阶段保护农民土地权益的具体对策,如“全面推行依法行政”“各级政府切实履行保护农民土地合法权益的职责”“增强农民维权意识”等,显得空洞而无法操作,随后提出的国内发展农民合作组织也不具备可行性。保护农民土地权益最好的也是最彻底的途径是确权到户。农户承包地确权到户后,农户将对其所有的土地行使最充分最完全的物权,对国家征地形成实质意义的对抗,农民土地权益从根本上得到最大化保障。

---

① 张卫东:《新制度经济学》,东北财经大学出版社2010年版,第65页。

② 张卫东:《新制度经济学》,东北财经大学出版社2010年版,第87页。

四、耕地确权到户后运营的依法规制

（一）完善相关立法

法律的生命在于实现。法律规定与现实相悖，解决的方法无外乎两种，一是根据法律的规定，制裁违法者；二是修改法律，适应现实的需要。法律的滞后性是我们完善立法的理论依据，“世易时移，变法宜矣”。确权之后，宪法、民法通则、物权法、农业法、土地管理法等相关法律作相应修改，农村土地承包法该废止的就及时废止，需要重新制定法律的及时立法，如民法通则、物权法等相关法律关于农村集体土地产权规定方面能在未来制定出台的民法典中有所体现。作好法律的立、改、废，建立健全农村土地法规和制度，让农民土地权益的保障有法律上的明确根据。

（二）耕地自由流转

政府对土地将始终保留三项权力：一是土地征收权，二是管理规划权，三是政府征收定额土地税权。农地所有者以发包、租赁、互换、转让、抵押、担保、继承、入股、换社保等形式根据自己意愿自由流转农地，除上述三项限制外，此权利不受任何干扰。发展多种形式的适度规模经营，党国英（2009）认为，乐观地说，大约在 20 年之后，大田作物户均 50 亩地比较合适。如果平均规模过大，城市不能吸收农村转移劳动力，会有比较大的麻烦。这就是说，推动规模经营不能急于求成。① 农地确权到户后，农民粮食直补政策可逐渐调整，如 10 年内不流转的补贴减少一半，20 年内不流转的取消补贴。还比如，农地种粮补贴金额可以随着规模经营面积的增加逐渐递减，最终边际补贴率可以为零。当然，种粮补贴政策可以随着城市化率的提高作适当的调整。农地自由流转和规模化经营的结果就是逐步建立家庭农场。农地管理可以借鉴美国的做法，成立农场局。“农场局在维护农户或农场主利益中发挥了重要作用。农场局从联邦到州到县已形成完整的网络体系，它联结着全美 340 多万农场。”②可以在我国设立农场局，与不动产管理局并列，前者管理农地，隶属于农业部，后者管理除农地之外的不动产，隶属于国土资源部。

① 党国英：《当前中国农村土地政策调整的若干问题》，载《农村土地制度改革：国际比较研究》，社会科学文献出版社 2009 年版，第 309 页。

② 邹秀清：《中国农地产权制度与农民土地权益保护》，江西人民出版社 2008 年版，第 86 页。

（三）确权到户的监管

1. 土地用途管制缘由

确权到户虽能最大限度地保障农户耕地的权益，但很多学者担忧，耕地所有权一旦确认到农户私人所有，国家和政府将失去对该部分土地的有效控制，农户随意买卖耕地，随意改变土地用途，耕地将减少，粮食安全得不到保障。作者既然提出确权到户，那么，如何解决保障农民土地利益和解决粮食安全的矛盾，实行严格的耕地用途管制将是切实可行的途径。“众所周知，全世界几乎所有国家都对土地用途进行管制，……陈锡文说，土地用途管制是全世界的通则。”①党国英也赞同土地使用权受到国家土地用途管制限制的观点。“全世界的政府，包括美国、英国、日本的政府，都干预土地使用”②。本章无意于讨论所有土地的使用管制，而是在农户承包的耕地确权到户后为了确保粮食安全意义上的土地用途管制。2015 年中央一号文件《关于加大改革创新力度　加快农业现代化建设的若干意见》5 大部分 32 个小点，首要的仍是粮食安全，文件针对增强粮食生产能力提出了许多细化要求，可见，粮食安全是底线，只有在确保粮食安全的前提条件下，讨论所有权主体等“三权”问题才有实际意义。

世上没有绝对的权利和自由，所有权也不例外，是相对的绝对，称为所有权绝对性的相对化，如所有权要受到他物权与社会利益的约束。农地所有权确权到户后，政府对土地将始终保留三项权力：一是土地征收权，只要政府出于公共利益的需要，并且用市场价格给予所有者补偿，土地征收就是无条件的；二是管理规划权，农户土地的开发利用必须符合政府的使用规划，国家进行土地用途管制，如农户原承包的耕地确权到户后仍然用于农业耕种，租赁买卖不能改变土地的农业用途，还要到主管部门登记备案，接受严格的审查，采取严格措施保护农业用地，限制农地非农化。现在很多所谓的“种田大户”是“项庄舞剑，意在沛公”，因此要让土地流转给真正立志于搞农业的人，为我国将来家庭农场制的建立打下基础。三是政府征收足额土地税权。这些权力要有相当严格的限制，从属于市场机制，让农户的土地所有权变得稳定而有保障。因此，农户承包地确权到户后政府的主要职能应定位于土地用途管制。

2. 土地用途管制制度的概念与性质

为了解决土地资源的稀缺性和不可再生性，世界上大多数国家普遍实施了

① 贺雪峰：《地权的逻辑——中国农村土地制度向何处去》，中国政法大学出版社 2010 年版，第 343 页。

② 潘维：《农地应“流转集中”到谁手里？》，载《红旗文稿》2009 年第 5 期，第 13-16 页。

土地用途管制制度。“土地用途管制是国家为保证土地资源的合理利用以及经济、社会的发展和环境的协调，通过编制土地利用总体规划，划定土地用途区域，确定土地使用限制条件，使土地的所有者、使用者严格按照国家确定的用途利用土地空间。”①土地用途管制制度在节约集约用地、国家对土地的整体规划和维护国家粮食安全等方面发挥了巨大的作用。该制度在我国主要用于对耕地的保护。学者们普遍认为，土地用途管制性质是一种行政许可行为，国家为保障土地利用总体规划得到执行，根据公民、法人或者其组织的申请，对建设项目用地进行审查的行为。土地用途管制法律关系是国家在协调公共利益与土地使用权人利益之间的平衡关系时产生的受土地用途管制相关法律规范所调整的社会关系。在这一法律关系中，土地使用权人（农村集体经济组织、机关、企事业单位、个人、其他组织）作为受管制的一方，是行政管理相对人。

土地用途管制是土地行政管理部门运用行政权力对土地利用人所实施的一类行政管理行为。可见，在现行的管制逻辑下，我国的土地用途管制权被立法定位为“行政权”。行政权往往以命令和控制法律管制模式试图由中央集权的全国性官僚体系指导私人的行为，其常常要求所有或大多数企业在指定时间内采用僵化的法定方法实现有关目标。命令和控制的土地用途管制模式，尤其是自上而下的各种用地指标的分解和强制适用，成为我国土地用途管制中最核心的管制方式。

3. 对农户耕地的用途管制

土地用途管制由于其对耕地（农地）保护的有效性被许多国家和地区所采用。我国土地管理法规定实行土地用途管制制度。土地用途管制制度的实施，各国的具体情形不同，角度也就各异。土地资源丰富的国家的土地用途管制可能更重视环境保护，而土地资源相对贫乏的国家（如日本等）的土地用途管制则更多地突出农地保护。在我国这样一个特殊国情的国家，土地用途管制是为了严格保有耕地面积而生的。如果按照市场利益调节机制对土地进行自发的使用和配置，很明显，没有人愿意将相对宝贵的土地资源投入到收益微薄的农业中去，耕地流失严重、粮食安全得不到保障也就无法避免了。土地用途管制可采取直接管制、税费管制等方式。

① 赵宁、刘雨枫：《论我国土地用途管制法律制度的反思与重构》，载《云南社会主义学院学报》2014年第2期，第173-175页。

五、结论

综上所述，农户承包地所有权确权到户，家庭集体经营，既能较好地保障农民土地权益，又能较好地保住耕地红线和粮食安全，同时还没有改变集体经济组织制度，有效地解决了农村土地制度改革中的难题，实现了李克强提出的“三保”。

第六章 农地确权中权属纠纷解决之道

在农村土地“三权分置”改革过程中，如何解决农地权属纠纷关系到农村社会的稳定，也是土地确权的前提条件和基础工作。从我国《土地管理法》第十六条的规定看，非诉讼解决农村土地权属纠纷的方式是“当事人协商＋人民政府处理”模式，这种模式具有内在的弊端。政府主导下的行政谈判土地权属纠纷解决方式，具有现实基础以及法理基础。作为一种非诉讼解决农村土地纠纷的方式，随着程序的正式化，行政谈判应该纳入行政行为体系的范畴，就像其他行政行为一样，必须接受行政法的规制，必须遵循行政法的基本原则。因此，立法上应当修改土地法以及相关规范性文件，明确行政谈判解决农村土地纠纷的范围、程序、法律效力，并纳入行政诉讼的受案范围。

中国的农村集体土地由于产权关系不明确，农村乱占耕地的现象广泛存在，农民的合法土地权益得不到有效保障，严重影响了土地的正常流转和土地的资本化和规模化运作，这对农业现代化和城镇化的推进都十分不利。农村集体土地明确的产权关系是保障农民权益、土地有效流转、合理开发利用的前提和基础。“三农”问题始终成为党和政府高度关注的问题，也正缘于此。

农村土地权属关系混乱，经过多轮土地承包经营权的变化更迭，新旧矛盾叠加积累，是当前集体土地承包经营权确权工作产生纠纷的主要诱因。由于我国颁布的大量涉及农村土地权属的法律、法规和政策性文件的内容表述大多是原则性的，如我国法律中关于农村土地所有权的界定就带有一定的模糊性，又缺乏具体的阐释，有些内容甚至相互矛盾，实践操作性不强，导致土地确权工作中法律、政策的适用往往出现盲点，影响到土地确权的实践操作，并由此产生大量的纠纷。农村土地权属纠纷的类型包括农村土地所有权纠纷、农村土地使用权纠纷和基于相邻权而产生的土地权属纠纷。此类纠纷具有普遍性、时代性、很强的时间性、季节性和纠纷情况复杂、证据匮乏等特点。

当前，我国处在社会主义法治社会建设时期，依法治国是治国理政之道，必须使法治观念深入人心，特别是深入到农村。健全法律咨询与法律援助机制，鼓励农民在解决纠纷时要及时拿起法律的武器保护自己的合法权益。目前，农村土地权属纠纷涉及的相关法律、法规和规章有：《中华人民共和国宪法》、《中华人民共和国土地管理法》、《中华人民共和国行政复议法》、《土地权属争议调查处理办法》、《确定土地所有权和使用权的若干规定》等。农村集体土地确权中权属纠纷及解决机制的研究涉及领域广泛，应遵从以下原则：① 坚持尊重历史，面对现实的原则；② 以事实为依据，以法律为准绳，严格遵守法定程序原则；③ 兼顾程序正义，实现实质正义的原则；④ 着重调解，有利于生产生活，有利于社会稳定和安定的原则。

一、问题的提出

党的十八大以来，中央从党和国家全局的高度，对深化农村土地产权制度改革做出了一系列部署安排。2016 年 10 月底，中共中央办公厅、国务院办公厅印发了《关于完善农村土地所有权承包权经营权分置办法的意见》，对今后一段时期农村土地制度改革具有重要的指导意义，将产生非常深远的影响。在农村土地三权分置改革过程中，如何解决农地权属纠纷关系到农村社会的稳定，也是土地确权的前提条件和基础工作。关于农村土地非诉讼解决方式，《中华人民共和国土地管理法》第十六条规定：土地所有权和使用权争议，由当事人协商解决；协商不成的，由人民政府处理。但是，该法及其相关法律规范又没有明确规定人民政府处理农民土地确权纠纷的方式。目前应对此类纠纷的非诉讼解决机制过于概括和宽泛。从《中华人民共和国土地管理法》第十六条的规定看，非诉讼解决农村土地权属纠纷的方式是“当事人协商＋人民政府处理”模式，其中当事人协商解决是第一层次，人民政府处理是第二层次。从第一层次看，由于协商缺乏严格的程序规制，其法律效果未必理想。从第二层次看，我国人民政府处理土地纠纷案件的方式是不明确的，实践中往往采用调解或者行政裁决的方式来处理。不论是调解或者行政裁决，仍然需要以一定的法律与事实为基础，比如，调解也是在查清案件事实的情况下双方当事人妥协，更不用说，行政裁决必须以法律与事实为依据，且在一定程序的规制下才具有合法性。可是，在土地纠纷中，一些案件由于是历史遗留问题或者是社会影响力大的群体性土地案件，案件的事实未必清楚，同时关系到农村社会的稳定，简单的行政调解或者行政裁决未必起到很好的社会效果与法律效果。因此，当下我国农地权属纠纷解决“当事人协商＋人民政府处理”模式具有内在的不适应性，需要创新政府处理土地纠纷的方式。笔者认为，行政谈判作为一种新型方式，可以克服我国政府处理农地权属纠纷方式固有的不适应性的弊端。

二、行政谈判解决农地确权纠纷的法理分析

农村土地权属纠纷有广义说与狭义说之分。广义的土地权属纠纷指的是“因土地所有权、使用权和他项权利归属而发生的争议。土地权属争议发生在个人之间、个人与法人之间、其他经济组织之间，以及法人、其他经济组织相互之间。”[①]持狭义土地权属纠纷观点的学者们则是从另一角度理解我国土地管理法的规定，即当事人双方因土地的所有权或使用权的权属问题发生争议，是指两个以上的单位或者个人同时对未经确权的同一块土地各具理由，主张权属，根据各个主张人的理由难以解决的土地权属的矛盾，一般是由于地界不清、土地权属紊乱、政策和体制的变更以及其他历史遗留问题等原因造成的。[②] 国土资源部 2002 年发布的《土地权属争议调查处理办法》规定的土地权属争议，是指土地所有权或者使用权归属争议。为此，本章中的土地权属争议采狭义论的观点。

根据我国土地法的规定，非诉讼解决农村土地权属纠纷的方式是“当事人协商＋人民政府处理”模式，该模式具有内在的弊端，不符合我国农村土地权属纠纷的特点。其结构性矛盾突出体现在以下两个方面：其一，该模式处理农村土地权属纠纷效率低下。我国农村土地权属纠纷具有普遍性。通常情况下，农村土地权属纠纷应该发生在乡土社会内部，集中地反映出我国农村人口不断增多与高价值耕地不断减少的深刻矛盾。如今，由于国家不断强调经济发展，带来了工业化的迅猛发展，城市化进程不断加快，对土地的需求更是多方面增长，土地资源的增值效应突出，这些因素导致了农村土地权属纠纷的范围不断扩大，村民与乡镇政府、商业性企业间的矛盾不断扩大，导致纠纷广泛存在。这种纠纷普遍性的特点，客观上要求一种高效率的非诉讼解决纠纷的模式，但是，立法上对此类非诉讼解决纠纷的模式的安排却是两步走模式，即先当事人协商，后人民政府处理。从当事人协商的角度看，这是一个相当复杂的过程，但是，却没有严格的、明确的、具体的法律规制，客观上留下了人为操控与不当牟利的空间；同时也难以达成一致的结果，即使达成一致结果，也很难保证结果的公正

---

① 孙建宏：《土地权属实务指南》，中国大地出版社 1998 年版，第 41 页。

② 王治主：《土地管理法理论与应用》，陕西人民教育出版社 1990 年版，第 243 页。

性，给后续矛盾的激化埋下了隐患。其二，从人民政府处理的角度看，在土地权属纠纷解决方面，实务上更多的是依照《确定土地所有权和使用权的若干规定》和《土地权属争议调查处理办法》这两个部门规章的规定来具体操作的，其法律层级低，缺少法律法规的强制性，权威性不够。《土地权属争议调查处理办法》规定了国土资源部门解决农村土地权属纠纷的具体程序，如受理条件、受理期限等，这些对于普遍文化程度不高的农民而言难以理解，肯定会加大他们维权的难度，缺少人性化的立法关怀。同时，其他的法律法规又过于笼统，大大增加了实务中对土地确权的难度，影响了农村土地权属纠纷的解决，凸显出法律的滞后性。尤其需要注意的是，此类案件情况复杂，证据匮乏。实务中，农村土地权属纠纷案件大多以土地信访形式出现，经常会同土地侵权案件、土地违法案件或者征地补偿纠纷案件一并出现，纠缠不清。因此，除了正常涉及的行政部门外，还会经常涉及公安部门和司法部门，会经历不同的法定程序。这会加大行政裁决和司法审判的工作压力。同时，由于历史政策变迁等原因，使过去的资料没有被及时保存，造成了资料无法查证、证据收集困难等现实情况。为了克服上述两方面的弊端，如果一旦发生土地权属纠纷，可以直接在人民政府的主导下，由当事人协商、参与、举证，一方面有利于查清案件事实，另一方面也减少程序上的烦琐，提高了纠纷解决的效率。因此，在人民政府主导下，由当事人通过协商、谈判解决农村土地权属纠纷更具有现实性与可行性，可以解决由当事人协商解决或者单独由人民政府处理的内在结构矛盾。建立人民政府主导下的行政谈判方式来解决农村土地权属纠纷，具有和解、调解等方式不具备的优点。

一方面，从和解的角度看。和解是平等、协商解决纠纷的一种方式，是一种最简单最直接有效的纠纷解决方式。在农村土地权属纠纷中，当事人可以在合法的前提下随意处置其享有的权利，通过协商与对方达成一致解决纠纷。但是，在和解过程中，常出现欺诈胁迫、显失公平等情况，并且由于和解双方的受教育程度有限，和解协议的内容有时甚至会因违反法律禁止性的规定而无效。这样不仅不能保障当事人的合法权益，更有可能会危害社会的公共利益。和解之所以出现上述弊端，一个很重要的原因就是缺乏一个相对独立且具有权威的主体的参与。因此，和解有其明显的局限性和不适宜性。首先，实践中，由于土地价值与日俱增，土地产生的利益不断增加，任何一方都不愿放弃由土地带来的巨大的利益，势必会增加和解的难度。一些农村土地权属纠纷是由于历史遗留和政策变迁等原因导致的，当事双方由于不能提供出足够且有力的证据致使分歧无法被消除，成功和解的可能性几乎为零。其次，农村土地权属纠纷往往会因为技术性等专业问题的理解不同而导致结论的不一致，这些情况都会阻碍当事人达成和解。最后，也是和解方式最大的缺陷，就是其存在极大的不确定性，纠纷的当事人在达成口头和解协议之后不去签署书面协议，更不要说到当地土地管理部门进行登记确认，任何一方当事人都存在着反悔的可能，一旦反悔就会有新的纠纷产生。

另一方面，从民事调解的角度看。虽然在调解委员会主持调解下，本着争议各方主体平等、公平合理、和睦相处的原则，能够使纠纷双方在相对缓和融洽的气氛下顺利沟通，有利于达成合意，由争议各方签字盖章，自觉履行协议，但是，调解是通过双方当事人相互妥协，达成协议从而化解纠纷，这也就决定了调解依然存在许多缺陷。首先，说服双方当事人接受调解就是一个难题。农村土地权属纠纷多发生在乡土社会之内，农民思想守旧，做事保守不容易信任他人，涉及的利益复杂，且关乎其基本的生产要素，因此，要让纠纷当事人选择调解需要做大量的说服教育工作。这是调解程序启动前需要完成的工作。但是，实际上都是各个地方的村委会等组织和部门自由决定如何启动调解程序，并没有一套系统的调解前的说服体系。其次，支持调解的第三人对于整个调解过程的发展、调解结果的导向具有关键作用。在农村土地产生权属纠纷的时候，参与调解的都是邻里熟人、亲戚朋友，还有村上威望比较高的精英人物，必须要求这些作为第三人的调解员具有较大的影响力，良好的判断力，高尚的道德品质与正确的大局观，甚至要懂得相关法律法规等。这些要求如果都想做到，显然太过苛刻，难以实现，从而导致因当事人不满意而难以达成调解合意。

综上所述，可以清楚地看到，不论是调解或者和解来解决农村土地纠纷，其共同的不足之处包括：缺乏相关主体的参与，程序上缺乏规范的规制，效果上的不如人意等问题。因此，为了顺应解决农村土地权属纠纷的现实需要，我国可以建立政府主导下的行政谈判方式，以克服当下单一的当事人协商或者人民政府处理的内在结构性矛盾，也能弥补和解、调解等非诉方式解决农村土地权属纠纷的内在缺陷。行政谈判作为一种新型土地纠纷解决方式需要明确以下几个问题。

首先是行政谈判介入的时间问题。行政谈判是在土地纠纷当事人协商失败后，人民政府处理土地权属纠纷的一种方式。

其次是行政谈判解决农地权属的法律性质。行政谈判本质上属于行政行为的范畴，是行政主体处理土地纠纷的一种处理方式，一旦达成协议，具有行政行为上的法律效力。所谓行政谈判是指行政主体与行政相对人通过平等地双向沟通取得共识并达成协议，以达到解决争议目的的行为。行政谈判与非行政谈判的区别主要有三个方面：一是谈判主体不同，行政谈判恒定有一方行政主体，而一般谈判双方都是民事主体；二是谈判内容不同，行政谈判的内容是行政法律关系，而一般谈判的内容是民事法律关系；三是谈判依据不同，行政谈判的依据是行政法律规范以及双方主体达成的协议，而一般谈判依据的是其他法律规范以及主体间的协议。从行政谈判法律主体之间的关系看，作为社会的一种治理手段，行政谈判主体之间具有平等性，是行政管理手段柔性化、民主化的产物；从行政谈判的内容看，行政谈判具有合意性，参与谈判的主体之间通过沟通协商并达成协议，对行政谈判法律关系主体具有法律约束力；从行政谈判的目的看，作为一种解决纠纷的手段，其根本目的是解决群体性的行政争议，以维护社会的和谐与稳定。[①] 同时，行政谈判也与行政调解、行政裁决解决土地纠纷具有本质的区别。其一，行政调解是"在行政机关的主持下，通过当事人双方的妥协让步来形成合意"。[②] 农村土地权属纠纷的行政调解是由行政机关居间主持对农村土地纠纷协商解决方式，达成调解协议的主体是土地纠纷的双方当事人；而行政谈判则是行政主体在土地确权过程中，行政主体作为一方当事人与农村土地权属纠纷主体之间协商达成协议解决土地纠纷的一种方式，它本质上是一种行政处理土地权属纠纷的一种方式。或许有人会认为，土地纠纷是平等主体之间的纠纷，并不是民众与行政机关之间的纠纷，如果行政机关没有运用国家强制力对纠纷做出裁判，那么，就依然是行政调解，没有必要另造一个行政谈判的概念。显然，这种理解是对行政谈判的误解：行政谈判属于国家权力行使的范畴，是与行政裁决并列的一种新型处理土地确权纠纷的方式。也就是说，行政调解是人民政府参与土地确权纠纷，在当事人协商阶段，政府作为居间者参与纠纷解决；而行政谈判是作为行政法律关系的一方当事人，在协商解决不成，又不具备行政裁决的法律与事实要件的情况下，行政机关处理土地纠纷的一种新型方式。其二，行政谈判与行政裁决也具有本质上区别。土地纠纷原则上由当事人协商解决，协商不成才由政府解决。"行政裁决权是典型的审批权……基于行政机关在裁决活动中的中立地位，我们一般也承认，行政裁决是

① 关于行政谈判概念，可参见邓刚宏：《行政谈判化解群体性纠纷的价值及其效力》，载《江海学刊》2013 年第 5 期，第 130-135 页。

② 张春莉：《西方国家行政性 ADR 的经验及其借鉴》，载《政治与法律》2012 年第 12 期，第 134-140 页。

准司法活动。"[①]所以，如果法律与事实都相对清楚，那么政府可以直接行政裁决，因此，行政谈判没有制度存在的空间。但是，政府对于疑难案件，由于法律上权属不清晰，又没有完整的证据链条与法律依据，政府难以做成一个事实与法律都清楚的行政裁决，从而给行政谈判提供解决土地权属纠纷的制度空间。某种意义上说，行政谈判不需要行政主体有处分权，就像法院一样，在事实不清或者依据不明确时，它不得拒绝裁决，故需要一种新型解决土地权属纠纷的方式。其三，行政谈判相比行政调解适用的阶段与范围不同。在适用阶段上，正如前述，行政调解是在当事人协商阶段，行政主体以居间身份参与调解；而行政谈判是当事人在协商失败后，行政主体有职责处理权属纠纷，对于特定案件进行处理的新型方式。因此，两者在适用阶段上不同。在适用范围上，行政调解作为一种农村土地解决方式，其范围较广，其最大化的结果就是任何土地纠纷都可以通过调解的方式解决；而行政谈判的运用范围相对较窄，在依职权处理土地权属阶段，往往只运用于重大的土地纠纷，例如群体性农村土地纠纷，或者行政主体依据现有的证据很难做出客观的权属归向的判断，因此需要与土地权属纠纷主体协商，以解决权属争议。

最后是行政谈判解决农村土地权属纠纷的法律效力。作为一种新型农村土地纠纷解决方式，行政谈判的法律效力和其他非诉讼纠纷解决机制（ADR）一样，其正当性是一个不可回避的问题。正如有学者谈到的，行政谈判是否具有法律效力，是否一定要受一定程序约束，其协议或决定是否具有可执行力，这是理论上必须解决的问题。[②] 同样，行政谈判在农村土地纠纷解决中的法律效力也是不可避免的问题。笔者认为，行政谈判解决农村土地纠纷的法律效力的理论基础主要来源于以下两个方面：一是行政谈判中所指向的对象是纠纷主体的权益，行政谈判法律关系主体具有处分权。在一般的行政行为中，行政上是没有处分权的，因此，赋予行政谈判以法律效力从而解决农村土地纠纷不可避免地会遭到非议，正如其他非诉讼解决纠纷赋予其法律效力一样。这是因为行政谈判关注的是权利或者利益，是行政权与相对人权利或者利益的妥协。这种以利益或者权利为基础的妥协有可能违背法治精神。是否赋予及如何赋予土地纠纷中的行政谈判法律效力尤其需要谨慎考虑其合法性问题。但是，这是对行

① 陈国栋：《我国不必建立行政附带民事诉讼制度———以行政权对民事争议的介入程度为切入点的反思》，载《政治与法律》2013 年第 8 期，第 117-128 页。

② 邓刚宏：《行政谈判化解群体性纠纷的价值及其效力》，载《江海学刊》2013 年第 5 期，第 130-135 页。

政权具有不可处分性的误读。如果法律明确规定了行政行为的主体、权限、程序、内容，那么行政权当然是不可处分的。但是，在我国立法不完善或者立法也不可能对行政行为做出尽善尽美的处理的情况下，行政行为并不是完全不可以作为，行政主体完全出于行政目的的需要，积极行政或者与行政相对人协商谈判达成一定的合意是可能的，而且也是符合行政民主化、柔性化的趋势的。例如，在土地确权纠纷案件中，在依职权处理土地纠纷的过程中，如果依据传统的消极行政理念，在法律以及事实并不是完全清楚的情况下，不足以促成一个行政裁决的法律以及事实要件，行政主体岂不是无能力解决该土地纠纷。因此，行政主体有必要基于行政目的，在积极行政理念的引领下，哪怕没有明确的行政裁决要件，也可以通过协商谈判的方式解决土地争议。同时，也要清楚认识到，纠纷当中的当事人具有利益上的处分权，具有其法益基础。行政谈判中，行政主体只是中间人的角色，对纠纷的调解不涉及行政权限的处置，即使具有一定的处分权，也是基于实现行政目的的需要的有限的处分权，这种处分权符合行政法治发展的趋势。因此，在我们看来，行政过程中是否可以运用行政谈判解决农村土地权属纠纷，不仅是一个技术问题，不仅限于行政谈判的工具价值问题，而是一个需要行政实体法基础理论论证的命题。在行政法治从形式法治走向实质法治，从消极行政走向积极行政，从机械行政走向能动行政的背景下，行政法治理念的变迁为行政谈判解决群体性纠纷提供了可能性，也是正当的。正如周佑勇教授所言，随着国家行政职能的转变和行政裁量权的扩张，在不放弃行政权目的的基础上，行政手段可以多样化，行政权在一定程度上是可以处分的。[①] 因此，行政权的不可处分性并不能成为否定解决农村土地纠纷中行政谈判法律效力的理论支持。二是农村土地纠纷中行政谈判的法律效力源于其完善的、完备的程序规制。一个行政行为是否具备法律效力，其程式化是基础。因此，要使农村土地纠纷中行政谈判具有法律效力，就必须实现其程序的正式化。在我们看来，不管是以利益为基础还是直接通过权利妥协，非诉讼解决农村土地纠纷都不能脱离法治轨道，这是决定农村土地纠纷中行政谈判具备法律效力的根本前提。有学者认为，ADR 这种非正式化纠纷解决方法的程序正式化是决定是否赋予法律效力的基本依据。详言之，由于 ADR 的复杂性，概括性地赋予 ADR 以法律效力很可能违反法治精神，较为可取的办法是，以 ADR 程

① 周佑勇：《行政裁量治理研究——一种功能主义的立场》，法律出版社 2008 年版，第 78 页。

序的正式化程度分类别地决定是否赋予法律效力[①]。在这点上，行政谈判与其他 ADR 非正式化纠纷解决方法是一样的，行政谈判程序正式化是决定是否赋予其法律效力的基本依据。因此，在我国要真正发挥行政谈判解决农村土地权属纠纷的功能，行政谈判程序的正式化是其必由之路。

三、行政谈判解决农村土地权属纠纷的协议效力

行政谈判作为一种新型非诉讼解决方式，其协议效力应该如何设置？我们总体主张，其协议的法律效力可以参照行政调解协议的法律效力进行设计。虽然《最高人民法院关于适用〈中华人民共和国行政诉讼法〉的解释》中对行政调解的效力做出了相应规定，各地也纷纷通过订立法规、规章的方式确认行政调解的性质和效力，但学界对于行政调解协议是否应具备法律效力这一问题的看法存在分歧，主要包括反对说、支持说和折中说。反对说的观点认为，当事人之间在行政机关主持下达成的行政调解协议书不应具备法律效力，一方当事人不履行义务或履行不符合协议规定的，另一方当事人无权请求人民法院以该协议为依据要求对方当事人承担违约责任或者请求人民法院强制执行。反对说的理由如下：首先，《中华人民共和国行政诉讼法》第六十条明确规定"人民法院审理行政案件，不适用调解。"其不可调解性主要是基于"公权力不可任意处分"的法治要义。因此，赋予行政调解法律效力有悖于行政诉讼法立法宗旨。其次，行政机关在行政调解过程中不具备行政单方意志，不能违背当事人自身意愿。[②]因此，行政调解不是行政行为，且当事人因对行政机关的敬畏心理容易导致违心接受调解，故不能赋予行政调解协议强制执行力。[③] 再次，行政调解和人民调解不同，人民调解委员会是群众自治性组织，其对民事纠纷的调解不构成对当事人意思自治的威胁；而行政机关是拥有国家权力的机关，行政机关介入民事纠纷可能导致行政机关滥用行政权，造成公权干涉私权的局面，有悖于法治原则。过去，由于行政调解的效果不明，行政机关主持下达成的行政调解协议当事人可以反悔。因此，即使是行政机关滥用行政权力达成的行政调解协议也会因为当事人事后的反悔而无效，行政机关滥用职权胁迫当事人达成行政调解协议的弊端在实践中不会充分显现出来。但是，随着行政调解协议效力的确立，

---

① 齐树洁：《纠纷解决机制的演变与 ADR 的发展》，载《福建法学》2002 年第 1 期，第 17-20 页。

② 许兵：《"大调解"体系中的行政调解制度》，载《新东方》2008 年第 3 期，第 4-7 页。

③ 周健宇：《行政调解协议之强制执行力探析》，载《山东科技大学学报（社会科学版）》2012 年第 2 期，第 43-49、54 页。

行政调解的上述弊端会显现出来。相对于卷入纠纷的当事人而言，行政机关在纠纷处理过程中处于较强势的地位。因此，行政机关在行使行政职权时滥用行政权力进行调解的情形突出表现为行政调解自愿性和行政处罚强制性的混淆。[①] 在许多行政机关进行调解的纠纷中，往往还应当对某一方当事人的行为给予相应的行政处罚。在行政调解工作中，有的行政机关会以行政处罚的伸缩度为压力，迫使一方当事人屈从于某个既定的调解方案。[②] 最后，由于我国行政调解制度建设处于起步阶段，不管是行政调解的原则、适用范围还是行政调解的程序以及监督机制都没有在立法上予以明确，缺乏此类先决要件，而且司法实践也相对不成熟。如果此时就赋予行政调解协议以法律效力，可能将导致行政机关无法正确依据法律规定和法律程序行使权力，当事人也无法准确、真实地表达其意愿。那么，终将损害调解各方当事人权利。

笔者认为，反对行政调解协议效力的逻辑基础是不存在的，同样，如果行政谈判协议的法律效力可以仿照行政调解协议法律效力设置的话，那么，否定赋予农村土地纠纷中行政谈判协议法律效力的逻辑基础就不存在。其理由前述已经阐明，即行政权不可处分并不是迂腐的教条，程式化的行政谈判为其法律效力提供了正当性。我们主张，行政谈判协议经行政机关以及当事人达成后，应当具备法律效力，行政谈判协议一经达成即具备法律效力，一方当事人不履行协议约定或违反协议约定的，另一方当事人可以申请司法机关强制执行。之所以赋予行政谈判以法律效力，主要是基于以下几个理由。

首先，行政诉讼不可调解是基于“公权力不可处分”的传统解释，但“公权力不可处分”的内涵应是“公权力不可任意处分”。行政法治并非一种刻板的法治，行政主体享有一定的处分权，既不会威胁行政法治原则的贯彻，又是一种必需和必然。如果行政主体没有任何处分权，那么行政机关势必不能履行好行政管理职责，国家、社会管理势必不能有效进行。[③] 因此，赋予行政机关适当的处分权是基本的，也是必要的。

其次，行政机关工作人员在特定领域往往具有专业知识和技术，在特定纠纷的事实认定与证据采集方面更具专业性。一方面，这种专业性更加有利于特定领域内当事人之间纠纷的顺利解决；另一方面，也有利于行政机关动员社会

① 杨国平：《确认行政调解协议为民事合同性质的利弊分析》，载《华北水利水电学院学报（社科版）》2010 年第 3 期，第 120-122 页。

② 贾建平：《公安行政调解协议的效力探析》，载《河南警察学院学报》2012 年第 6 期，第 72-75 页。

③ 王晓蕾：《关于我国行政诉讼适用调解制度的探讨》，载《法制与社会》2009 年第 4 期，第 332-333 页。

力量组成专家组或专案调查机构处理复杂疑难案件或新型案件。而行政机关自身可以综合考量技术问题、专门法律问题和政策性问题以及公共利益、市场、公民权利和个案特殊情况，提出合理的解决方案。[①]

再次，行政机关相对于人民调解委员会更具有权威性。如果通过法律赋予行政谈判明确的效力，那么行政谈判更容易获得纠纷当事人信任。而当事人在遇到纠纷无法达成一致时，也会更倾向于寻求行政谈判或者调解解决双方纠纷，而不再仅仅依赖于程序严苛、繁复的诉讼程序。相对于其他主体来说，行政机关在特定领域内的纠纷解决经验更加丰富，并且相较于其他主体来说能够在付出较少的时间和经济成本的前提下更加专业、合理地解决问题，使双方当事人更易达成协议。[②]

最后，行政谈判在纠纷解决中不仅具有高效、及时、直接、经济等效益优势。而且行政性纠纷解决机制多被设定为政府和行政机关的专门职能。作为由公共财政支持的公共资源，原则上对当事人免费，不仅可以极大地减轻当事人的负担，还可以有效替代司法诉讼，整体降低社会治理和纠纷解决的公共成本，产生良好的社会效益。因此，行政机关居中达成的谈判协议至少具有民事合同的性质，实际上应高于民事合同的性质。[③]

四、行政谈判解决农村土地权属纠纷的法律规制

作为一种非诉讼解决农村土地权属纠纷的方式，随着行政谈判程序的正式化，行政谈判也纳入行政行为体系的范畴，就像其他行政行为一样，必须接受行政法的规制。因此，有必要对行政谈判解决农村土地权属纠纷的法律规制做理论上的设计。

（一）行政谈判解决农村土地权属纠纷的原则控制

任何行政行为都要遵循行政法的基本原则，不得与行政法的基本原则相违背。作为一种非诉讼解决农村土地纠纷的方式，行政谈判行为也不例外，既要遵循行政法上的原则，也要遵循行政谈判过程中的原则。从行政法的基本原则看，一方面，行政谈判不得违背行政法治精神，行政谈判主体之行政机关必须具有事物上的管辖权，不得违背基本的法定程序，尤其不得违背现行的法律规定。

① 范愉：《行政调解问题刍议》，载《广东社会科学》2008 年第 6 期，第 174-184 页。

② 徐飞：《论明确行政调解书法律效力的重要性》，载《法制与社会》2009 年第 19 期，第 357 页。

③ 范愉：《行政调解问题刍议》，载《广东社会科学》2008 年第 6 期，第 174-184 页。

另一方面，行政谈判作为一种行政行为，不得违背行政信赖保护原则。行政信赖保护原则作为一项行政法基本原则，就像民法上的诚信原则一样，被称为行政法上的帝王条款。其基本要求是行政谈判一旦达成，就不得随意撤销或者废止，除非是为了公共利益的需要，在这种情况下撤销行政谈判行为必须给相对人补偿。信赖保护原则对行政谈判解决农村土地权属纠纷的要求就是，一旦行政主体与当事人通过谈判达成协议，那么行政主体或者当事人就得忠实履行谈判所约定的行政法律关系上的主体义务，不得随意撤销、否定或者改变行政谈判协议的内容，确保行政谈判的法律效力得以实现。否则，行政法律关系主体包括行政机关以及纠纷双方法律关系主体必须承担补偿义务。从行政谈判解决我国农村土地权属纠纷的过程来看，也应当遵循其固有的原则，在农村土地权属纠纷的解决上，要切实保证农民的合法权益，维护乡土社会的稳定发展，兼顾高效与实质正义的实现，维护社会的安定繁荣。一方面，坚持尊重历史，面对现实的原则。历史上已经依政策法律确权的土地，要坚决维护，不再重复确权，在处理时就要从实际出发，结合原则性和灵活性予以确认，争取做到合情合法。另一方面，遵守法定程序，实现实质正义的原则。在解决农村土地权属纠纷时，必须严格依法办事，实事求是，重证据，重调查研究。正确适用法律，严格遵守法定程序。解决纠纷是一种人类的社会行为，行为都需要遵循一定的程序进行，产生某种结果，纠纷的解决也不例外。诉讼纠纷解决方式倾向于注重程序上的正义，而非诉讼纠纷解决方式则更注重程序上的灵活性和非正式性，往往通过协商和谈判，在彼此讨价还价、对比实际力量的基础上，对利益进行再次分配，这样的利益调整更具有现实性和稳妥性，有利于社会实质正义的实现。

（二）行政谈判解决农村土地权属纠纷的立法控制

通过立法实现农村土地权属纠纷方式行政谈判的法治化，是规制行政谈判的基础。如何在立法上设计农村土地权属纠纷行政谈判制度，从路径上来说，有两条路径可循：一是修改土地法，如前述《中华人民共和国土地管理法》第十六条规定的内容，“土地所有权和使用权争议，由当事人协商解决；协商不成的，由人民政府处理”，但是，土地管理法又没有明确规定人民政府处理农民土地确权纠纷的方式。因此，我们建议在修改土地法时，应明确规定行政谈判作为人民政府处理农村土地纠纷的基本方式，并明确规定行政谈判的法律地位，对行政谈判解决土地权属纠纷的适用范围、法律效力、谈判程序以及事后救济等做出明确规定。二是考虑到修改土地法程序比较麻烦，着眼于当下可修改《确定土地所有权和使用权的若干规定》和《土地权属争议调查处理办法》两个规范性文件。在两个规范性文件中,明确以行政谈判作为解决农村土地权属纠纷的方式。不管是选哪一条路径,具体内容包括:从行政谈判解决土地权属纠纷的范围来说,并非所有的农村土地权属纠纷都适用行政谈判,可以界定为影响力大、涉及人数众多的土地纠纷案件、历史遗留的土地纠纷案件、证据不清楚的土地权属纠纷案件。从法律效力看,可以借鉴行政法上的行政协议效力理论,并兼顾行政行为效力理论,行政谈判协议一经签署,行政法律关系主体任意一方都不得随意变更或者撤销,除非经过正当的司法程序或者行政程序。从行政谈判程序上看,应当遵循程序的正当、公开原则、意志自治原则,确保行政谈判的形式正义的实现。从行政谈判的救济看,可以借鉴行政合同的救济理论,对行政协议不服时,赋予当事人选择权,可以提起行政复议,也可以提起行政诉讼,纳入行政诉讼的受案范围。

(三)行政谈判解决农村土地权属纠纷的程序规制

行政谈判要真正发挥其法律效力,必须和其他替代性纠纷解决机制一样走向程序化,而且在我国要真正发挥行政谈判解决群体性纠纷的功能,行政谈判程序的正式化是其必由之路。行政谈判程序的正式化主要涉及行政谈判的主体制度、代理人制度、意见表达、意见沟通、公开程序、协议的签订等方面的程序规定。从行政谈判的主体制度设计看,应当包括回避制度,行政谈判法律关系主体以及案件中的记录员、鉴定人、勘验人有利害关系的,应自行回避,当事人也有权用口头或书面方式申请他们回避。从行政谈判的代理人制度看,我们可以仿照诉讼或者行政复议制度,设计行政谈判的代理人制度。在行政谈判的实施环节上,应当做如下制度设计。

其一,行政谈判应遵循的原则性要求。① 在查明案件事实的基础上进行谈判原则;② 充分尊重当事人的意愿原则;③ 遵循公正、合理原则;④ 行政谈判结果应当符合有关法律、法规的规定原则;⑤ 行政谈判结果不得损害国家利益、社会公共利益或者他人合法权益的原则。这是进行行政谈判所应遵循的基本原则与精神,应贯穿调解的始终,并且在此之下进行行政谈判才能保障程序及其结果的公正性。

其二,行政谈判人员在谈判过程中应遵循的原则性要求。① 中立原则。② 充分听取双方当事人的陈述原则。③ 协助当事人谈判原则。当当事人对法律法规或国家政策不明白时,调解人员应当进行讲解,以帮助当事人自愿达成谈判协议。④ 告知原则,行政谈判人员在调解开始时,必须告知当事人其享有的权利和应履行的义务。这些原则性要求不同于前面的要求,这是专门针对行政谈判人员的要求。

其三,行政谈判实施程序应遵循的程序性要求。① 核实当事人及其代理人身份,宣布行政谈判人员名单,告知当事人依法享有的权利和应当履行的义务,询问当事人是否申请回避,并告知当事人协商的内容。② 宣布已调查核实的案件基本事实,申请人、被申请人、第三人陈述事由,提出各自的主张及要求,行政谈判应认真听取各方当事人的陈述、申辩和质证,查明争议纠纷的基本事实,分析并且归纳争议的焦点,分析双方当事人应负的责任,并询问当事人对案件事实是否有异议,若有异议,可采取听证、现场调查等方式调查取证。③ 行政谈判员应根据当事人陈述并结合案件查证情况进行协商,询问双方请求和主张,公开初步的行政谈判协议方案并做出说明,征询当事人的意见,并依据法律、法规、规章及政策对双方当事人进行说服、劝导,对当事人间的分歧进行协调,引导争议各方达成谅解,力求取得一致意见,促成当事人和解,达成行政谈判协议。④ 制作行政谈判笔录,详细记载当事人的主张、要求、谈判过程及结果。⑤ 当事人经行政谈判达成协议的,应当在谈判笔录中载明,并经各方当事人确认。

其四,行政谈判实施中应遵循对第三人利益保护的要求。这要求行政谈判机关一旦在谈判实施过程中发现谈判结果涉及第三人利益的,应当及时通知并征得第三人同意,之后允许其参加谈判。如果第三人不同意协商,及时终止行政谈判程序。

其五,行政谈判实施中应遵循对谈判过程进行监督的要求。谈判的监督表现在对于谈判情况的记录和案卷的档案制度上。首先,谈判情况的记录。从开始到结束,都应当及时记录谈判情况,并在谈判结束时将有关记录交予当事人进行查看并核对签字,以保证行政谈判的公正性,方便参与谈判主体查阅、监督,而不会出现查无对证的情形。谈判笔录中至少应当包括以下内容:谈判时间、地点;申请人、被申请人、第三人的基本情况;行政谈判请求、事实和理由;谈判协议内容、履行期限和方式。其次,案卷档案制度。即应将案件谈判的工作记录以及之后的行政谈判协议书等材料进行立卷归档,交档案室统一保管。

其六,行政谈判应遵循对当事人合法权益保护的要求。应确实保障当事人,尤其是行政相对人一方的合法权益,明确当事人的各项权利及其保护,包括自主表达意愿、陈述事实和观点、申辩等的权利,以及接受、拒绝或要求终止继续协商的权利。

其七,行政谈判应遵循时限的要求。规定行政谈判时限,以保证行政谈判的有效进行，避免资源浪费，确保纠纷事项的及时有效解决。

（四）行政谈判解决农村土地权属纠纷的司法救济

司法审查是对行政谈判解决农村土地权属纠纷规制的最后一道防线。2015年《中华人民共和国行政诉讼法》修改的一个亮点是：明确了行政行为作为受案范围的标准，并明确将特许经营协议通过列举的方式纳入行政诉讼的受案范围。那么，行政谈判协议是否也可以纳入行政诉讼的受案范围？作为一种新型的行政行为，如果对行政谈判行为不服，可以参照行政协议，应当纳入行政诉讼的受案范围，行政诉讼审查主要涉及行政谈判的主体、权限、程序以及内容是否违法等方面的内容。据此，将行政谈判纳入行政诉讼范围理论上或者立法上应当不成为一个问题。“尽管新修改的行政诉讼法是历史的进步，但是，从行政诉讼功能模式的角度，审视行政受案范围，不论是从公民权利救济的角度还是从行政客观法秩序的角度，行政诉讼受案范围还有进一步扩展的空间，从理想计，行政主体和行政相对人之间一旦出现行政纠纷，国家应当尽可能地提供司法救济途径。因此，在行政诉讼功能模式下，确定行政诉讼受案范围的基本思路是，立法明确双层结构的受案范围标准，一方面，假定行政行为可以审查标准；另一方面，立法排除司法审查的例外标准。”[①]按照这样的逻辑，只要不属于行政诉讼法明确排除的行政行为，当事人如果认为他们的合法权益受到了侵害，人民法院就应当受理此类案件。当事人对于行政谈判协议不服时，如果不属于行政诉讼法明确排除的范围，其属于人民法院的受案范围也是不言自明的，人民法院应当受理，参照行政协议案件审理此类案件。

附：淮安市盱眙县桂五镇农村土地承包经营权确权登记纠纷调查报告

2013年中央一号文件提出“用5年时间基本完成农村土地承包经营权确权登记颁证工作”，习近平总书记在2013年底召开的中央农村工作会议上特别强调“要把这项工作抓紧抓实，真正让农民吃上‘定心丸’。”但农地复杂的产权状况，也引发了确权登记工作中的不少矛盾和问题。对此，课题组深入调研，梳理问题，并对开展好农村土地承包经营权确权登记颁证工作提出相应的意见和对策。

---

① 邓刚宏：《行政诉讼受案范围的基本逻辑与制度构想——以行政诉讼功能模式为分析框架》，载《东方法学》2017年第5期，第21-29页。

一、农村土地承包经营权确权登记颁证中的纠纷情况

近五年来江苏省盱眙县人民法院受理的土地承包经营权确权案件处于上升趋势见表 6-1。

表 6-1 盱眙县人民法院受理的土地承包经营权案件

	立案	民一庭	桂五法庭	马坝法庭	管镇法庭	诉调对接办公室	合计
2013 年	0	1	15	17	—	—	33
2014 年	—	2	18	34	2	0	56
2015 年	—	1	15	78	4	—	98
2016 年	—	2	19	98	4	0	123
2017 年	—	2	23	114	5	0	144

从表 6-1 可以看出，桂五法庭和马坝法庭受理的此类案件最多。

以桂五法庭所在的桂五镇为例，该镇总面积 158 平方公里，全镇辖 14 个行政村(居)、206 个村民小组，总人口 3.65 万人。从桂五镇农村经济服务站了解到，在农村土地承包经营权确权登记颁证过程中，出现了大量的矛盾纠纷，所涉家庭 700 多户，人口 4 000 多人。这些纠纷，通过镇政府的努力，大部分能够得到化解或正在化解中，加之有的农民不愿打官司，有的农户还处于观望状态，因此只有少量纠纷进入了法院诉讼程序。①

二、农村土地承包经营权确权登记颁证中面临的问题及解决

调研中发现，确权登记颁证过程中遇到的最主要的问题是"证地矛盾"。土地二轮承包后，因种种原因，部分农户抛荒、弃耕。随之，有的村民小组对抛荒、弃耕的土地进行"微调"(上级政府不准许有土地被抛荒，2001 年的桂五镇普遍存在此种情况)，导致土地权属关系被打乱。随着免交农业税和进行粮食直补等政策的出台，农民又开始争夺曾经放弃的土地，"无证无地、有证无地、一地多证、有证有地"等各类矛盾也愈加凸显。政府协调是解决证地矛盾最基本的方法，司法途径是解决矛盾的最后一道防线。

盱眙县人民法院近年来土地承包经营权确权案件裁判文书有不予受理、撤诉、驳回、调解至村委会解决、调解返还和判决返还等方式(表 6-2)。

① 王亚林、费尤祥、苏振淮、钱岑:《农村土地承包经营权确权登记颁证中的问题及对策建议》，载《江苏经济报》2015 年 7 月 22 日。

表 6-2　盱眙县人民法院土地承包经营权确权案件裁判方式

	不予受理	撤诉	驳回	调解至村委会解决	调解返还	判决返还	其他	合计
2013 年	—	7	1	—	14	12	—	34
2014 年	—	18	2	—	4	25	—	49
2015 年	2	50	38	—	8	6	—	104
2016 年	1	82	26	—	34	10	2	155
2017 年	1	94	34	—	26	21	1	177

当前，对土地承包经营权确权案件如何裁判，没有明确的法律规定，基层法院在裁判中存在困惑，中、高级人民法院也没有明确、稳定的裁判标准，导致相同或相似的土地确权案件，二审裁判结果不一，也给基层法院的审理带来了更大的困难。如(2014)淮中民终字第 2266 号判决书，判决驳回上诉，维持原判。原审判决书中写明，原、被告争议涉及部分相同地块，以被告行为侵害了原告的承包经营权为由，判决被告退还属于原告承包地。然而，2014 年，桂五法庭有 3 件土地确权案件被市中级人民法院改判，原审对于诉争的承包地均判决由被告返还给原告，二审法院以“双方实质上是对讼争土地的使用权归属产生争议，该争议应由当地人民政府先行处理，不属于人民法院民事受理案件范围”为由，驳回被上诉人的起诉。现阶段，有的法官为了避免这种情况，努力动员当事人撤诉。

三、做好农村土地承包经营权确权登记颁证工作的建议

对如何做好土地承包经营权确权登记颁证工作，提三点建议①。

(一) 突出重点矛盾纠纷的预防工作

确权颁证工作面广量大，任何一个环节都有可能出现问题，因此，要加大困难问题预估力度，制定切实有效的应对方案，尤其在矛盾多发的实测确认阶段，要及时了解情况，统一丈量标准，加强细节预判，积极解决“历史遗留问题”。如对在第二轮承包中存在的登记有误、四至不清等问题，要及时清理、核查，调处解决，从源头上预防和减少此类矛盾的发生。同时，要规范确权管理，加大群众工作力度，对外出务工村民，如本人不在家，应由本人出具书面授权委托书及本人、代理人的身份证复印件，手续齐备等才进行填表上报。

① 王亚林、费尤祥、苏振淮、钱岑：《农村土地承包经营权确权登记颁证中的问题及对策建议》，载《江苏经济报》2015 年 7 月 22 日。

（二）建立多元化矛盾纠纷联动机制

确权颁证时间紧、任务重，对于已经出现的矛盾纠纷，如果全部通过诉讼解决，需要经过一定的程序，时间长，不利于确权颁证的及时完成。因此，建议地方政府会同司法、国土、公安、农委、信访等有关部门，联合村民代表等形成矛循纠纷多元化解机制。同时，充分发挥基层调解组织在调解农村土地承包纠纷中的作用。确权纠纷的双方往往是普通农民，法律意识不强，容易激化矛盾，当事人之间容易产生大打出手酿成事故的现象，对此要充分发挥基层组织的作用，及时制止矛盾冲突，避免不必要的损失。

（三）完善非诉纠纷解决机制

对于已经进入司法程序的矛盾纠纷，法院应充分发挥诉调对接等诉前调解作用。可以专门在立案大厅设立立案调解工作室，在案件立案前，征得当事人同意后，对土地确权纠纷案件进行诉前调解，也可对事实清楚、法律关系简单的确权纠纷案件分流至相应民间调解组织，调解不成的再进入诉讼程序。对于典型、疑难案件，可以通过巡回审判的方式，达到“调解一案、影响一片”的效果。对在审执过程中发现的问题，法院要切实发挥监督职能，及时向有关部门发送司法建议，对侵害农民土地权益的行为，严格按照立案登记制度的要求，做到及时立案，公正审理、严格司法，切实保护农民的合法权益，保障土地确权登记工作顺利有效实施。

第七章　农地确权到户的法治之维

村民小组集体土地所有权主体地位消解于包产到户，至家庭联产承包责任制的建立则名存实亡。以集体土地所有权和承包经营权确权登记颁证为契机，将村民小组集体所有中的农户承包经营的耕地确权到户，有其理论上的正当性和实践中的合理性。农户承包耕地确权到户，家庭集体经营，既能较好地保障农民土地权益，政府进行严格的土地用途管制，又能较好地保住耕地红线和粮食安全，同时还没有改变集体经济组织制度，是目前产权体制下较好的制度建构。

土地是一切生产和一切存在的源泉。农田高度分割，粮农高度分散，又决定了粮食收储和加工高度混杂。显然，在“三高”刚性约束中，农田高度分割是根源。没有土地，焉能产粮？因此，农地产权制度改革、农地确权登记颁证的依法有序推进是决定粮食生产的前提条件，为我国农业规模化发展提供制度供给，也为我国粮食质量安全运行模式的构建提供法律制度保障。

一、农地确权的意义

农村集体土地明确的产权关系是保障农民权益、土地有效流转、合理开发利用的前提和基础。目前，农村绝大多数集体土地权属不明，四至不清，现耕种面积与承包经营权证书严重不符，好多地方既没签合同也没颁发权属证书。农民土地权益得不到有效的制度保障。确权对于明确农地产权关系、保障农民土地权益、促进农村土地合理使用以及农业现代化和城镇化的发展都有重要意义。加快推进农村集体土地确权还是落实最严格的耕地保护制度和节约用地、提高土地管理和利用水平的客观需要。

二、农地确权的政策取向分析

农村集体土地承包经营确权工作进展顺利，但是有的地方在农地确权过程中对确权登记颁证的政策把握不当。笔者在江苏省淮安市进行了田野调查，对我国目前正在进行的土地承包经营权确权登记颁证的政策有了较深入的把握。

农地确权登记对完善农村基本经营制度、维护农民土地承包的合法权益、推进土地流转和发展农业规模经营都具有非常重要意义。习近平总书记在2013年底召开的中央农村工作会议上特别强调"要把这项工作抓紧抓实，真正让农民吃上'定心丸'"。根据江苏实际，江苏省委、省政府做出了"一年扩大试点、三年全面完成"的总体安排。根据国家、省部署要求，淮安市2013年在金湖县金北镇开展试点。2014年，试点范围扩大到金湖全县，清浦区和平镇、淮安区马甸镇、淮阴区五里镇、涟水县东胡集镇、洪泽县岔河镇、盱眙县维桥乡整乡镇推进。2015年，淮安市在全市范围内进入整市试点阶段，50%以上的村开展试点工作，30%以上的村完成试点任务，金湖县和其他6个乡镇2015年6月底前完成整体试点任务。

淮安市农村土地承包经营权确权登记颁证工作于2016年底总体上完成，2017年完成扫尾工作。各个地区的土地承包有一些细微差别。不过大致上来说，农地一轮承包为15年；二轮承包从1998年开始，一直向后延长30年。2008年10月党的十七届三中全会提出现有土地承包关系要保持稳定并长久不变。2019年1月1日施行的《中华人民共和国土地承包法》第二十一条规定耕地的承包期为三十年。

决策层突破土地承包法力推承包经营权长期不变，显然更关注现实的生产经营稳定，而把政治意义的起点公平放在了次要位置。因为人口嫁娶迁徙、生老病死等社会变迁，虽造成了按人头分配农田的现实起点不公平问题，但这些不公平的冲突很难形成要求均田诉求的社会合力。所以，这次农田产权确权主要是对承包现状现实合法性确认，同时兼顾了关联法律条文和一些补偿性调整，为农地加快流转、农业规模化、集约化经营奠定基础。

下面就确权实践中农地承包经营权确权登记颁证具体政策进行说明和分析。

（一）采取"确权确股不确地"的方式开展确权登记颁证的条件

对个别实行集体统一经营、入股合作、流转发展高效规模农业地界不清的土地，应尊重群众意愿，经大多数村民协商同意，可以依据农户认可的历史档案资料确定面积和四至、粗略图示到户，也可以对应有面积进行登记。确权确股不确地方式，仅限于个别经济比较发达、人均耕地较少、地形地貌变化大、界址无法确定的地方，并且必须经多数农民同意，实施方案经村民协商一致并报县区、乡镇审核，省市备案。还有极少数地方无法就土地确权、确股的，应通过社区股份合作改革确权到户。

（二）承包地实测面积与承包经营权证书面积不一致的处理

各地要把握好政策，尊重历史、尊重群众意愿。如果是统一分地时经民主讨论同意的，如实登记应有承包面积和实测面积；如果属于土地级差折算、新增土地分配等合理原因导致的，由群众民主讨论决定；对于未经民主讨论同意、擅自多占土地、擅自开垦土地的，民主讨论处理办法，如收回开垦土地应对开荒者投入给予合理补偿等。

（三）土地承包经营权证书中记载的土地承包起止时间的填写

新颁发的土地承包经营权证书记载土地承包起止日期要与土地承包合同中签订的时间一致，淮安市二轮农村家庭承包土地承包期一律到 2028 年终止。如有变动，根据政策调整。

（四）土地承包经营权共有人的确定

家庭承包的主体是承包农户，登记土地承包经营权共有权人要与二轮承包时的情况相符，发生变化的要协商一致后填写。在农村土地承包经营权登记簿上可以记载承包经营权共有人情况，并做适当的备注，作为确权的记录；同时，在农村土地承包经营权公示结果归户表中，对现家庭成员全部记录备注并存档。在农村土地承包经营权证书上可以只填户主情况，但要与承包合同一致。

（五）承包户要求分户与合户的处理

本次工作任务主要是对已经依法规范签订土地承包合同的承包地进行确权登记颁证。承包户要求分户、合户的，要按照相关法律法规规定，能结合此次登记工作一并解决的就同时办理，不能解决的，先按原承包关系登记，以后条件成熟再进行变更登记。

（六）对农户抬种其他农户承包地的确权登记

二轮承包后，集体未统一调整土地的，农户未经原承包方书面申请和发包方书面认可抬种其他家庭承包土地，原承包户要求返还的，应返还并按原承包户确权登记；已经变更登记的要注销，返还给原承包户，原承包户对抬种者提高地力投入应给予合理补偿。

（七）二轮承包后已经进行承包土地调整的确权登记

二轮承包后进行调整的，只要群众满意、程序合规，应予以认可，按已调整的人地关系进行登记；对二轮承包中获得家庭承包土地，此后违规调整被收回而现在提出承包土地诉求的，集体有未分配土地时应优先予以解决。对干部擅自调整土地、群众不满意的，由县区人民政府组织调查，妥善处理。目前符合法律规定确需调整土地的，必须经县区人民政府批准并报市审核备案，按农村土地承包法规范组织实施并及时登记确权颁证。

（八）农户流转的家庭承包地的确权登记

以转让方式流转承包地，经原承包方书面申请和发包方审核同意的，按照转让协议（合同）确权登记转给受让方。以互换方式流转承包地，流转双方有书面流转协议（合同）、要求进行变更的，按照协议据实确权登记颁证。其他不涉及承包权转变方式流转承包地的，按原承包农户确权登记。对已经流转实行规模经营的家庭承包土地的图示，应尊重群众意愿，可以依据农户认可历史档案资料确定面积、相对四至位置、图示到户。

三、农地确权到户的法治构想

我国农村土地在确权完成的基础上落实"三权分置"改革的具体实现办法，经营权流转，发展多种经营主体，实现规模化种粮经营。本部分的讨论仅限于理论上可行性的分析，在实际中我们还是要坚持公有制的主体方向。借助学者李永民等提出的土地农村国有基础上的农民个人专用占有制的观点，"打破全民所有制和集体所有制就是社会主义的神话，将农村土地的所有权给予农民，真正实现马克思所说的'重建个人所有制'"①，一切土地归国家所有，国家对土地进行税收管理和法律保护。

（一）现行农村集体土地产权分析

农村土地和城市土地对于中国经济发展具有举足轻重的作用。在一定意义上，农村土地制度改革和发展更大程度地制约着我国市场经济发展水平和现代化建设的进程。目前农民集体所有土地按所有权主体又可分为乡（镇）农民集体所有、村农民集体所有和村民小组农民集体所有。组集体占有大部分所有权，而组集体所有土地中，农户承包的耕地又占了绝大部分，目前确权确地的重心在农户承包地，问题和焦点亦集中于此。粮食质量安全生产经营也主要是建立在农户原承包地基础上，因此，这里拟对村民小组农民集体所有中农户承包经营的耕地进行探讨和思考，而不涉及农村其他土地。

1. 村民小组农民集体所有表面上的主体

1962 年 9 月 27 日，中央的"农业六十条"进一步将三级所有的基础和核算

---

① 李永民、李世灵：《农村改革的深层障碍与土地产权构建——兼述我们同流行的理论观点的分歧》，载《中国农村经济》1989 年第 6 期，第 43-49 页。

单位调整到生产队，形成了农村集体土地“三级所有，队为基础”的体制，也因此奠定了此后的村民小组权利主体地位。笔者田野调查的数据也支持了这个结论。

2. 村民小组实质中的虚位

如今的村民小组，有的连名称都不存在了，他们的工作仅限于上传下达、防病治虫等，学界还没有将研究直接深入到村民小组。笔者认为，导致农村集体土地所有权主体虚位的主要原因在村民小组这一级，真正导致村民小组农民集体土地所有权主体虚位的是家庭联产承包责任制的实行。笔者建议彻底取消农村集体土地“三级所有”中村民小组农民集体所有这一级，将组集体所有中的农户承包经营的耕地确权到户，其他的组集体所有土地确权给所在村集体所有，原乡镇集体一级所有仍保持不变。形成农村集体土地分别属于乡镇农民集体、村农民集体、农户家庭集体所有的“三级所有”创新体制。（具体论述可参见本书第四章内容）

（二）耕地确权到户的根据

1. 户的含义及其属性

本书中确权到户中的“户”指的是家庭户，以 2018 年全国完成承包经营权确权登记颁证为基础，确定家庭承包经营土地的面积和四至，户的人口构成以 2018 年登记在家庭户口薄上的人员为准。“户”具有法律属性和经济属性，法律属性是家庭成员之间的家庭共同共有关系；户在经济属性上定性为集体经济组织。（具体论述可参见本书第四章内容）

2. 农地确权到户的根据

① 户是组成村民小组的基本单位，组集体所有的土地正是来源于农户当年交出的土地，确权到户符合权利属于权源法理。② 确权到户符合农民强烈的心理预期。土地承包期由最初的 1984 年中央一号文件规定为 15 年，到 1998 年二轮延包的再延长 30 年，再到 2008 年十七届三中全会提出的现有土地承包关系保持稳定并长久不变。我们似乎已经陷入了诺思（1994）在制度变迁理论中预设的“自动锁定”的状态，家庭承包责任制就是把锁，承包期限从 15 年到 30 年，给农民的预期就是还会更长。果然，2008 年中央全会提出长久不变，即使中央说的是土地承包关系，并非下一轮承包期限是永久的，但作为农民来说，是没法区分的，2014 年再次强化了这一制度，再加上全国范围内的确权确地，尤其是进行不动产登记，农民完全有理由深信，现在的承包地就属于自己了，2028 年土地二轮承包期满前，国家想脱离此路径将会非常困难，路径依赖得到不断的加

强，届时土地承包期是还会再延长30年或者70年[①]甚至更长呢？为什么承包地给农户自家最好？课题组的调查中农民的回答大同小异，可以自由处置，如继续耕种、买卖、租赁、赠与、继承等。③确权到户的时机条件已成熟。2018年我国将完成集体土地承包经营权的确权登记颁证，以此为契机，将承包经营权证书换发成土地所有权证书，农民易于接受，过渡自然。[②]

（三）耕地确权到户后运营的依法规制

在完善宪法、民法通则、物权法、土地管理法等相关立法基础上，允许耕地自由流转。当然，世上没有绝对的自由，耕地确权到户后最主要的规制是对农地的用途管制。

① 中国社会科学院农村发展研究所王小映指出："要进一步完善土地承包制，赋予农民更加充分而有保障的土地承包经营权，就必须延长土地承包经营的期限，延长后的土地承包经营期限至少应该与城镇土地使用权的最高期限相当或长于城镇土地使用权的最高期限。"见《农村土地制度改革：国际比较研究》，社会科学文献出版社2009年版，第212页。

② 侯继虎：《农村集体土地从包产到户到确权到户的制度变迁》，载《中国社会科学院研究生院学报》2016年第1期，第69-74页。

下篇　国家粮食安全篇

第八章　粮食质量安全运行模式

“民以食为天，食以安为先”，粮食安全已经成为国家安全战略的重要组成部分。2016年底中央经济工作会议和2017年中央一号文件特别提出当前中国粮食安全不在“量”上，而在“质”上，保证粮食品种结构、品质安全将成为今后一段时期内实施粮食安全战略的重点，也是实施农业供给侧改革的主要内容。中国粮食的供给正处于从分散化的小农生产方式向规模化、集约化、标准化的农产品供应链产业化提升加速演化的拐点阶段，粮食的供应呈现出大规模、多环节、多层次的跨区域、跨国界的生产、流通和消费的多元特征，使得粮食质量安全问题、追溯体系及其监管机制呈现出新的特征。社会主义市场经济发展，城镇化建设的加快，农业生产方式的转变，农业现代化的发展，要求摒弃传统粮食生产经营的运行模式，构建新型粮食生产运行模式和经营体系。

2004年以来，中央连续出台了16个有关“三农”问题的一号文件，2014年中央一号文件更是把“完善国家粮食安全保障体系”放在了首要位置，“确保我国国家粮食安全”已上升为国家战略。2015年7月1日实施的《中华人民共和国国家安全法》明确提出健全粮食安全保障体系，粮食安全上升为国家安全战略重要组成部分。2016年中央一号文件专条提出加快健全从农田到餐桌的农产品质量和食品安全监管体系，建立全程可追溯、互联共享的信息平台。

在我国经济发展步入新常态下，供给侧结构性改革将成为促进经济增长、创新驱动发展战略的突破口。笔者通过考察美国、加拿大、日本以及欧盟地区粮食经营模式，结合湖北粮农谷农联社和江苏省三河农场的生产粮食的成功实践，提出构建一种新型“放心粮”经营模式，促进粮食领域的供给侧结构性改革，提高粮食供给的质量和有效供给，建立健全我国粮食安全保障体系。

一、供给侧结构性改革

2016年1月26日，习近平主持召开中央财经领导小组第十二次会议，会议研究供给侧结构性改革方案，强调供给侧结构性改革的根本目的是提高社会生产力水平，落实好以人民为中心的发展思想，要在适度扩大总需求的同时，去产能、去库存、去杠杆、降成本、补短板，从生产领域加强优质供给，减少无效供给，扩大有效供给，提高供给结构适应性和灵活性，提高全要素生产率，使供给体系更好适应需求结构变化。2016年是"十三五"开局之年，经济发展新常态下，中国经济下行压力明显，新旧动能转换，供给侧改革将成为创新驱动发展战略的突破口。"释放新需求，创造新供给"已写入十八届五中全会公报，成为"互联网＋""中国制造2025""一带一路"等众多新动能的重中之重。以供给侧改革引领中国"十三五"，以供给侧结构性改革推动"十三五"转型升级，使供给能力满足广大人民日益增长、不断升级和个性化的物质文化和生态环境需要。中国粮食的供给正处于从分散化的小农生产方式向规模化、集约化、标准化的农产品供应链产业化提升加速演化的拐点阶段，粮食的供应呈现出大规模、多环节、多层次的跨区域、跨国界的生产、流通和消费的多元特征，使得粮食质量安全问题、追溯体系及其监管机制呈现出新的特征。目前粮食供给的质量安全比数量安全摆在了更加突出的位置上来，在重视粮食数量的同时，更加注重品质和质量安全。

供给侧结构性改革主要是从供给侧入手，针对结构性问题而推进的改革。中国的结构性问题主要包括产业结构、区域结构、要素投入结构、排放结构、经济增长动力结构和收入分配结构等六个方面的问题。因此，供给侧结构性改革是指从提高供给质量出发，用改革的办法推进结构调整，矫正要素配置扭曲，扩大有效供给，提高供给结构对需求变化的适应性和灵活性，提高全要素生产率，更好满足广大人民群众的需要，促进经济社会持续健康发展的改革。

二、粮食质量安全问题

（一）粮食质量安全问题的研究

尽管市场上有诸多打着"无公害"、"绿色"甚至"有机"标签的农产品，但不断出现的粮食质量安全问题使消费者质疑这些标签已经被滥用并且正在失去应有的公信力。粮食质量安全影响因素有：土地污染、水污染、大气污染、农药污染、重金属污染、熏蒸剂与微生物污染，粮食在包装、运输和销售过程中的污染等，相关管理法规不健全、执法力度欠缺等因素都可能导致粮食安全问题频发。

1996年11月，第二次世界粮食首脑会议通过了《世界粮食安全罗马宣言》和《世界粮食首脑会议行动计划》。联合国粮食及农业组织（FAO）将粮食安全表述为：只有当所有人在任何时候都能够在物质上和经济上获得足够、安全和富有营养的粮食来满足其积极和健康生活的膳食需要及食物喜好时，才实现了粮食安全。[①] 因此，粮食安全并不仅仅只是指数量上的充足，还涉及安全、营养等与食品质量相关的要求。对此，概括来说，质量就是满足消费者的预期需求。粮食质量安全是指一个单位范畴（国家、地区、企业或家庭）从生产或提供的粮食制品中获得营养充足、卫生安全的食物以满足其正常生理和心理需要。粮食质量安全包括食用品质、营养品质、卫生指标、感官品质和储藏品质等方面。[②] 总而言之，粮食质量安全是粮食安全的高层次要求[③]。

学界关于粮食质量安全的研究，大体分布在要素管控、经营管控、政府管控、准则建设四个方面。① 要素管控方面，学界认为应加强粮食生产过程中各种要素的管控，以防污染。如王静（2012）等认为应在粮食种植中防止耕地的污染，如避免中金属采矿与冶炼、养殖业废弃物、化肥、农药、市政污泥以及电子废物等造成的耕地污染；栗云端（2014）认为应加强农业生产要素的质量监测，并通过立法手段确保农业生产资料的质量安全，等等。② 经营管控方面，学界认为应在粮食产业市场化的各个经营环节中实现质量安全的管理与控制。如吴存荣（2014）论证了收购、储运环节影响粮食质量安全的因素，并提出此环节中关键因素的控制对策，等等。③ 政府管控方面，学界认为政府对粮食质量安全的管控职能应体现在立法规制、检验职能、抽查机制等方面。如刘文娟（2015）等认为应构建粮食质量安全监管机制，这一机制包括制定地方性法规、建立内控标准和实行质量事故追究制度，等等。④ 准则建设方面，学界认为应建立粮食安全质量的标准体系和安全责任的追溯体系。如刘鹏、屠康、侯月鹏（2009）提出的基于射频识别中间件的粮食质量安全追溯系统；褚芳芳等（2014）提出一种基于物联网技术的库内粮食质量安全追溯的方法；等等。其他如胡鞍钢等（2015）认为在经济发展“新常态”下人民对粮食品种质量的要求迅速提高，提出到 2020 年基本建成高效、开放的现代粮食安全体系。

以往的研究为本研究奠定了基础，但其不足可概括为两点：一是理论研究有余，实证研究不多。以往的研究多为理论层面的探讨，多数研究者致力于探索普

---

① 原文：World Food Summit Plan of Action，Paragraph 1：Food security exists when all people at all times have physical and economics access to sufficient，safe and nutritious food to meet their dietary needs and food preferences for an active and healthy life.

② 马莺、崔杰：《粮食质量安全学》，科学出版社 2010 年版，第 1 页。

③ 曾晓昀：《粮食质量安全：中国〈粮食法〉安全价值之实现》，载《学术论坛》2016 年第 6 期，第 79-83 页。

适于全国各地的粮食质量安全方案，缺乏对各省、县、乡有关真实案例的实证调查，导致研究难以落入实地，并在现实中难以真正推广。二是分类研究有余，整体研究匮乏。以往的研究往往从粮食生产、经营、监管和追溯的某一个环节入手进行分析，缺乏粮食生产之全产业链的整体研究以及粮食生产经营的整体机制探索，因此难以提出系统的、综合的粮食质量安全解决方案。学界还没有从供给侧结构性改革视角创新粮食经营模式来提升粮食质量安全的相关研究。

（二）粮食质量安全问题的原因

一般的农副产品，同一品类品种的产品很少有超过 10 个厂商的，例如纯牛奶只有几个厂商，酱油、醋等调料也只有几个厂商。到超市购物最大的选购难度出现在大米展示区。蔚为壮观的大米卖场，五六十个有商标包装的和散称的大米集中在一块，优劣难辨。有时候卖相好看的大米，回家吃后就后悔；但是又不得不进入下一次大米选购恐惧症的循环中。

造成大米销售市场鱼龙混杂且不能令消费者真正“放心”的局面（虽有号称“放心粮油”的品牌），其原因有二：

第一，粮食收储高度混杂。

众所周知，大米生产已经完全市场化了，其主力军是以家庭为单位成立的米业工厂或公司，这些米厂在收储稻谷时基本都是混杂贮存的。混杂贮存稻谷的最大弊端在于：只要有一单谷源存在“造纸厂的污水浇灌”，或者重金属超标以及农残超标问题，整个库存的稻谷都将存在安全隐患。更大的问题在于目前国家粮库收储粮食的方式也是混杂贮存的。[①]

第二，政府无力监管粮食生产过程。

有关农产品质量安全问题层出不穷的负面报道，已经让政府监管部门焦头烂额，真正要解决粮食质量安全监管问题，必须面对和破解以下困局：

首先，农资市场准入监管的困局。种子、农药和化肥，都有严格的市场准入门槛规定，但在同行恶性竞争环境下，农资供应商为了降低成本不可避免动起了歪心思。最可怕的是，只要能够保证和提高粮食产量（特别是在粮农自己不吃的情况下），有的农资商家会“配合”（高度分散自由的）粮农无所不用其极，伪劣的、高残留、高毒害的农药化肥乘虚而入防不胜防。

---

① 这种收储方式适应人民公社时期，因为那个时候稻谷品种单一，且基本都是生态甚至是有机的，没有污染和质量安全问题。现在不同了：粮食品种数百，各类污染源、毒害源也是不一而足，简单的混杂收储粮食的方式，显然从经营制度上就埋下了安全隐患。

其次，实时监管粮食种植行为是一项不可能完成的任务。在农田高度分割和粮农高度分散的种粮经营模式下，粮农种什么品种、怎么种、什么时候种以及以什么方式种，完全是粮农自主决定的自由种植行为。面对高度分散的数以亿计的粮农来说，政府职能部门要进行实时跟踪监管将是一个天文数字的行政成本，无法完成。

最后，启动质量安全问责机制也很难找到真正的元凶。因为农资选用和种植过程都很难管控，进行质量责任主体标识就显得更加困难；加上粮食收储和加工过程又不可避免地要高度混杂，即使产前、产中农资供应商和粮农的质量责任得到了标识，也会因为收储和加工过程的混杂而找不出真正的责任主体，最多只能追溯到粮库或者各种参差不齐的米厂。农资供应商和粮农这些产前、产中主体的粮食生产质量责任，在现行的种粮经营体系模式下根本无法问责。

鉴于以上分析，可以得出结论：规模化生产"放心粮"，面临"三高"刚性约束（见图 8-1），即农田高度分割、粮农高度分散、收储和加工高度混杂。

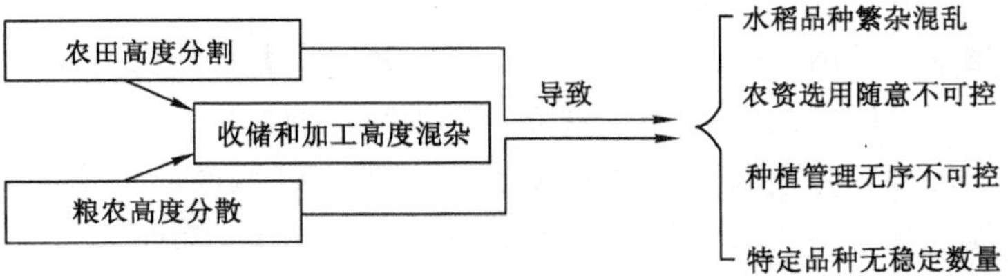

图 8-1 粮食生产"三高"图

我们知道，要生产质量稳定合格的粮食，从种植生产过程来看，必须保证种、肥、药、水的选用合格可控；从责任主体来看，产前农资供应商、产中粮农和加工主体，以及产后经销商的质量责任和管理责任要可标识追溯。但在"三高"刚性约束下，粮食种植生产的产前、产中、产后全过程各环节的产品质量合格性都难以控制；同时其全过程各经营主体的质量责任也很难界定。现行的种粮经营体系模式下，要生产出令消费者真正放心的粮食，是一件很不容易的事情。

三、国外主要发达国家和地区粮食经营模式

（一）美国

美国是世界上农业最发达的国家之一，其中粮食生产经营模式有其自身的特点，在完善耕地保护措施的基础上，进行规模化生产，在规模化生产经营过程中提供农业信贷和发展粮食作物保险及灾害补贴制度。一是耕地保护，美国的

耕地保护计划是一个集保护土地资源与调控粮食产量为一体的措施。政府鼓励农民长期或短期休耕一部分农地。在水土流失较为严重的地区，实施“土壤保护储备计划”。二是规模化生产。美国经济高效的运输条件，连接全国的信息通信网络，使得大规模区域化、专业化粮食生产不再受分工引起的交换成本增加的困扰。美国政府的农产品价格补贴数额与农场的粮食产量成正比，一定程度上可以加速粮食规模化生产的进程。近年来，美国农业部门通过更多地促成大规模农场的粮食生产或销售合同，使美国大规模农场占全美粮食（包括稻谷、小麦、玉米、豆类、薯类作物，不含油料作物）销售总额的比例，逐年稳步增加。三是农业信贷制度。美国政府专门为农场主设立了“农场主家庭管理局”和“农产品信贷公司”两个农业信贷机构，为他们提供农业贷款。此外，政府的“小企业管理局”也可以为农场主提供贷款。不仅如此，美国政府还协助农场主合作社建立了“农业信贷体系”（农业信贷合作社），为农场主提供信贷，并为该体系优惠提供贷款资金或为该体系筹资提供担保。四是粮食作物保险和灾害补贴政策。由于粮食生产受自然风险和市场风险双重影响，不确定因素很多，保险的贴现率比较高，在这种情况下，美国政府对从事粮食生产保险业务的机构提供了大规模的保费补贴，从而使农民能以较低的保费率普遍参加粮食生产保险。美国的粮食生产保险大致可以分为全风险保险、区域一单产保险、气候一作物保险三种。1980 年《作物保险法》规定，政府为全部保险粮食作物支付30%的保险费补贴；1990 年修订后的《农业法》规定，凡参加联邦作物保险的粮食作物，在遇灾害时可根据农业保险的有关规定获得较高的赔付；即使没有参加保险的粮食作物，也可获得正常产量 40%的赔偿。① 1994 年，美国国会通过了《联邦作物保险改革法》，要求农民参与联邦政府作物保险计划，并且增加对农民购买保险的补贴。此后，农民参与保险计划的积极性明显提高。联邦政府作物保险计划已经成为美国种粮农民的主要风险防范工具。②

（二）加拿大

加拿大农业发达，是世界主要粮食出口国之一。截至 2011 年，加拿大拥有农场面积 6 758.7 万平方公顷，占国家陆地面积的 7.4%左右，小麦、大麦、玉米等主要粮食作物用地 3 591.2 万平方公顷，占加拿大全国农场面积的 53.1%。

---

① 平凡：《美国及欧共体的农业保护政策》，载《粮食问题研究》2004 年第 2 期，第 35-37 页。

② Fuglie Keith O, Heisey Paul W, King John L, “Research investments and market structure in the food processing, agricultural Input, and biofuel industries worldwide,” *Economic Research Report*, (2) 2011.

加拿大以合理组织粮食流通为目标，以服务农民为根本，建立了以市场经济为主导的粮食经营模式：发挥市场机制作用，合理调控粮食流通；构建粮食生产、销售的各种流通组织形式，把资源优势转变为商品优势；建立粮食社会化服务体系，建有完备的质量保证系统和销售服务系统；建立健全粮食质量监管体系；实现了粮食经营的产业化、组织化、市场化和集约化发展。

随着粮食产业化的发展，加拿大已经构建了适应市场发展需要的粮食法体系。以《加拿大谷物法》和《加拿大小麦局法》两部法律为主体，包括《农业稳定法》《西部谷物稳定法》《农场改良贷款法》《农场信贷法》等关于粮食管理机构、粮食质量、购销多方面的相关法律法规和政策。①

（三）日本

日本人多地少，除了大米供应充足以外，日本大部分农产品不能自给，依赖进口。1999 年日本政府通过了《食品、农业、农村基本法》，提出了国家粮食安全问题。日本政府采取的措施有：一是对农地实行分类管理制度，强化农业基础设施建设，扩大农场规模。支持租赁变成平衡土地买卖，刺激小农场主拥有的小块土地与其他农场的合并，形成规模较大的农场，有效利用土地资源。二是政府扶持政策。如生产资料购置补贴、保险补贴和自然灾害补贴等。从 2007 年开始，政府对农业的补贴转变成以具备一定经营条件的骨干农户为补贴对象。日本政府对本国的农产品实行保护政策，包括设置各类贸易壁垒，尤其是对大米。三是保护环境，提高农产品国际竞争力。近年来日本政府不断加大力度支持有机农业发展，围绕着无农药、无化肥农产品的栽培、管理、认证、销售、监督等环节出台了一系列措施。四是粮食进口来源多样化。2003 年日本进口农产品来源地多达 208 个国家和地区，其中包括一些太平洋、大西洋上的小岛。②

（四）欧盟

欧盟是世界上农业最发达的地区之一，已实现了农业专业化、区域化和现代化。欧盟大量出口农产品，粮食的总产量与人均产量均居世界前列。欧盟形成了具有自身特色的粮食经营模式：加强农业技术研发和创新投入，促进农业技术的推广和转化，推动农业和农村创新，提高农业生产力。在此基础上加强对粮食生产能力的保护：粮食作物的价格干预（支持）政策、粮食作物面积补贴、

① 穆中杰：《加拿大粮食法体系及其借鉴》，载《世界农业》2013 年第 10 期，第 69-72 页。

② 崔亚平：《日本粮食安全保障机制给我们的启示》，载《农业经济》2007 年第 12 期，第 80-81 页。

休耕补贴和环保补贴等措施。此外，欧盟还有农业基础设施建设（土地改良、兴修水利等）总费用25％的补贴，提供低息贷款信贷支持、税收优惠等各种支持政策。推行农业保险和灾害补贴，使农场主只需支付很少的保费就能参加农业保险。降低粮食生产、储藏、加工和流通等产业链各个环节的损耗和浪费，尤其是注重提高粮食储备效率，降低粮食储备费用，避免遭受自然灾害时的经济损失，确保具有足够的储备粮迅速恢复生产，实现食物的安全供给。改进水土等农业资源的管理，提高资源利用效率；发展资源节约型农业和生态农业，保护环境。

四、中国粮食经营模式的研究

汤标中（1992）结合广东省对粮食购销管理体制从计划经济向市场经济转变进行了详细的论述，指出广东省粮食企业树立了以市场经济的观念，从过去产品经济的产供销逆向转向市场经济供产销顺向的思维轨道上来，改变了过去农民种什么就收购什么、供应什么的做法。现在是以市场需要来引导农民种什么、我们收什么、供应什么。只有这样，才能把粮食计划经济模式转到社会主义市场经营模式上来。[①]

束旭强、徐琪（2015）提出打造粮食经营新模式，从七个方面加以论述：信息比经验更重要、客户比资产更重要、模式比节奏更重要、趋势比成本更重要、风控比利润更重要、系统比环节更重要、平台比个体更重要。[②]

朱芒生（2016）指出，江苏东台市粮食局坚决适应新形势，从传统的经营模式中走出来，面对职业农民队伍，不断创新农业产业链组织形式和利益联接机制，构建农户、合作社、企业之间互利共赢的合作模式，让农民更多地分享产业链增值收益。[③]

以上研究虽然也有关于粮食经营模式的相关论述，但是也只是提出了思路，如何将这种经营模式建构出来并且落实到粮食的生产经营中却没有可操作的路径。目前对于通过粮食经营模式来保障粮食质量安全的研究成果较为缺乏。

---

① 汤标中：《粮食经营从计划经济转向市场经济模式的实践》，载《商业经济文荟》1992年第6期，第21-25页。

② 束旭强、徐琪：《顺应粮食行业“新常态”打造粮食经营“新模式”》，载《现代食品》2015年第16期，第1-3页。

③ 朱芒生：《创新粮食经营模式促进农民增收》，载《中国粮食经济》2016年第7期，第43-44页。

五、粮食质量安全运行模式的构建

笔者在考察美国、加拿大、日本和欧盟粮食经营模式的基础上，分析了我国粮食经营模式的特点，针对目前进行的供给侧结构性改革，结合湖北粮农谷农联社和江苏省三河农场的成功生产新型“放心粮”实践，提出构建一种粮食质量安全运行模式。该模式突破传统的粮食生产经营模式，从消费者角度出发，以消费者需求为中心，以市场为导向，以提高粮食供给的质量为目标，以此促进粮食领域的供给侧结构性改革，提高粮食供给的质量和有效供给，建立健全我国粮食安全保障体系。

广义的粮食概念是指“供食用的谷物、豆类和薯类的统称”[①]；狭义的粮食概念专指谷物，主要包括麦类、稻类和粗粮。我国使用广义的粮食概念，国外一般使用狭义的粮食概念。

“模式就是解决某一类问题的方法论，是指系统化解决问题方案所呈现出的总体风格。”[②]所谓粮食运行模式即指在粮食生产、加工、销售、监管、制度配套等在内的组织、管理工作活动全过程中采取的可以使人照着做的一种标准范式。

（一）新型“放心粮”界定

通过粮食质量安全运行模式生产出来的粮食必须符合以下三个准则：合格、合规、溯源，才能称之为本章的“放心粮”，保证其质量安全。

所谓“合格”，指粮食生产所采用的所有农资（种子、农药、肥料）全部要达到或高于国家标准，同时保证作业区水系也要达到国家规定的合格要求，土壤无重金属和残留超标。

所谓“合规”，指农产品生产全过程采用的农艺流程（例如植保）、工艺流程（例如工厂化育秧，大米加工）、管理流程（例如仓储管理，销售管理），全部符合国家、行业、企业的相关规范规定。

所谓“溯源”，是指所有参与农产品生产的各行为主体（包括农资商，粮农，仓储商，加工商，经销商等）的质量责任得到标识，并能始终保全这些标识可以溯源追责。

（二）粮食质量安全运行模式的内容

粮食质量安全运行模式由生产环节、质量溯源体系、政府监管与产业配套

---

① 《现代汉语词典》（第7版），商务印书馆2016年版，第815页。

② 邓刚宏：《论我国行政诉讼功能模式及其理论价值》，载《中国法学》2009年第5期，第53-65页。

等三大模块组成。

1. 生产环节

生产环节是新型“放心粮”经营模式的核心环节。生产环节可分产前、产中以及产后三个阶段。产前环节包括生产要素的采购和分配，生产要素以农资、水系、农机、劳动者、土地、资金以及农艺技术等为主，在分配环节，形成农资的“联购分供”模式。产中环节包括种植作业的管理、种植植保管理、收割与仓储加工等，都严格执行不混杂标识记录并保全前面所有农序、工序形成的质量标识。产后环节主要是营销管理及种植订单信息反馈。新型“放心粮”经营模式示范展示区项目进行的规模化种粮生产经营，使得用市场销售订单指导粮食种植计划的“以销定产”式规模化订单农业真正成为可能。

2. 质量溯源体系

质量溯源体系是生产经营环节的重要创新。目前，各类现行的种粮经营体系模式因为收储和加工环节不得不高度混杂等原因而做不到真正的溯源。这里打造的新型“放心粮”模式探索出了真正的质量标识溯源体系，使粮食质量责任落到实处。这一质量溯源体系针对一定规模化经营的粮农采取二维码数据库技术，为生产经营者提供质量数据采集标识的手段；并通过互联网进行信息互通，可使消费者在“放心粮”公众信息平台上随时查阅粮食生产每道农序、工序的质量记录信息。而且，这一溯源体系又可将消费者的建议和改善信息反馈给生产者，这些信息作为当年经验，可作为下年粮食种植计划的预判起点。据此，通过此溯源体系，种粮经营产业链就不再是一条脆弱的直线，而是闭环式螺旋上升的稳健生态系统。

3. 政府监管与产业配套

粮食生产经营需要政府部门共同参与，并由政府主导，制定相关的行业管控标准。新型“放心粮”的生产经营模式打造出了生产者全产业链经营模式与生产者—消费者监管质量的自治式溯源模式，这一模式降低了政府监管的成本，使政府监管从“全能监管”的难状态回归到“裁判监管”的效率状态，并使政府监管从“管制”职能发展到“监管—服务”的综合职能。在“监管—服务”的综合职能中，政府可针对粮食生产全产业链展开顶层制度设计，对新型“放心粮”经营模式进行宏观指导。这一过程是通过农业资产融资(包括评估)体系的配套(农业资产评估的社会化体系、农业相关资产融资的制度配套等)、生产者技能的培训等手段，保证种粮经营体系的规模化扩大再生产。

上述讨论的粮食质量安全运行模式，还只是成功解决了“合格”、“合规”和

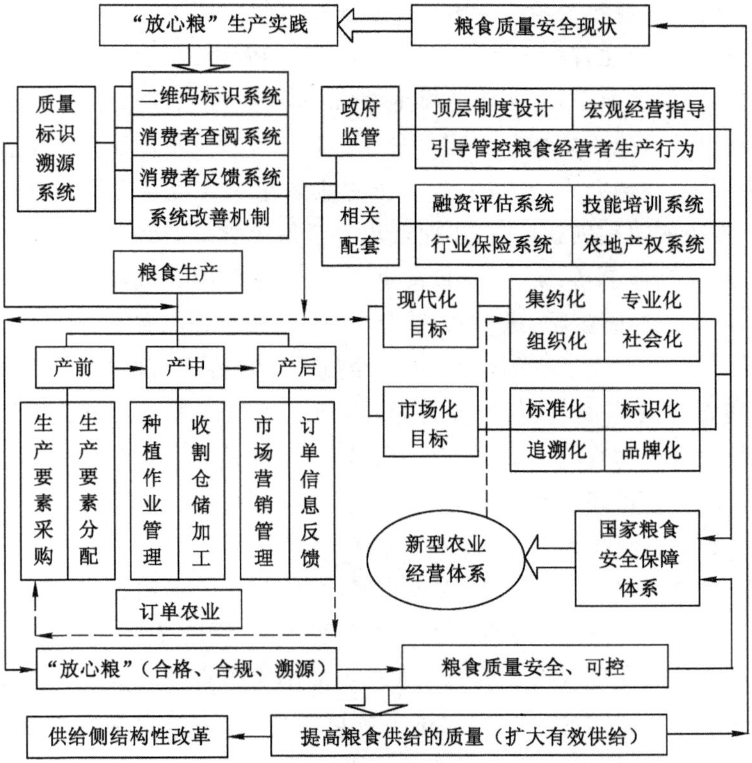

图 8-2　新型"放心粮"经营体系

"溯源"的样本点。如图 8-2 所示，新型"放心粮"经营体系应该由生产种植模块、标识溯源模块、政府监管模块、产业配套模块等若干子系统构成，需要全社会的共同参与和齐抓共管。新型"放心粮"经营体系的建立，还需要政府引导全面系统的建立包括农业风险防范的保险体系以及扩大再生产需要的以农业资产为核心的投资融资体系，才能着眼长远地保证"放心粮"生产的稳健化和规模化的壮大发展。

（三）新型"放心粮"生产实践

1. 湖北粮农谷农联社新型"放心粮"生产实践

在目前的粮食市场中，由于稻谷、大米产品的标准管控、事后问责等生产、经营的各个环节存在诸多弊端，导致粮食质量安全方面的困境——最终形成了生产者"做不到"、粮食监管者"管不了"、粮食消费者"伤不起"的尴尬局面。针对此困境局面，湖北粮农谷农联社以专业化和规模化生产、供应新型"放心粮"

为最终目标,经过四年的艰苦探索和经营实践,联合社目前已初具规模,颇见成效。联合社建有湖北省江汉平原新型"放心粮"经营模式示范展示区,该项目展示区的水稻种植类业态,主要包括再生稻(也称野生稻)、虾稻连作生态稻、黑籼稻、黄花粘以及其他优质特色水稻种植。2013 年以来,联合社在理事长刘应文同志的带领下,在领办大型育秧工厂、土地集约化流转以及全程机械化作业方面进行了大胆的实践创新,并初步探索出了全新粮食生产经营模式。联合社取得的初步成果具体包括:第一,在粮食生产方面,湖北粮农谷农联社已开发并规模化生产出无农药野生稻、黑籼米、黄花粘、生态稻米等优质"放心"稻米;第二,在质量标识方面,建立了水稻生产、供应全过程质量标识可回溯的"四体"机制;第三,在质量监管方面,实行农业订单化,建立了生产者—消费者反馈种粮信息、监督粮食安全的自治模式,使政府监管从"全能监管"回归至"裁判监管",降低了监管成本,并提高了监管效率。

2. 江苏省三河农场的成功实践

江苏省三河农场位于江苏省淮安市盱眙县境内,农场离县城 18 公里,紧靠洪泽湖。三河农场建于 1957 年 4 月,截至 2015 年年末,农场总人口 11 000 人左右,拥有各类专业技术人员近 200 人。场部小城镇是盱眙县六大中心城镇之一,有 2 300 多户家庭、7 000 多人在小城镇集中居住,城镇化水平达到 68%。农场下辖 4 个农业管理区、5 个控参股企业、1 所医院和 1 所幼儿园。同时还有各类非公企业 40 多个。是隶属于江苏农垦集团的中型国有企业。

三河农场现拥有耕地面积 8.3 万余亩,被江苏省发改委确定为"江苏省农业产业化重点龙头企业",被农业部确定为"无公害绿色食品生产基地"和"全国农垦现代化农业示范区"。2008 年获"江苏名牌农产品"和"江苏省著名商标",农场主要以规模化麦稻种植为主,优质种子、稻米加工是农场两大立场产业。

首先,三河农场地理位置特殊。三河农场位于苏北的腹地、苏北中心城市淮安境内,城镇化率 68%明显高于全国城镇化率 54.77%,接近苏南城镇化率 73.7%(数据来源于 2014 年江苏统计年鉴计算所得)。而城镇化水平与农业的规模化、集约化、现代化和市场化进程有直接的关系。如果能将三河农场成功的实践经验模式应用于苏北其他城市,那么苏北的发展将会直接加速江苏农业现代化进程。罗志军在淮安调研时指出,"江苏要在全国率先基本实现农业现代化,淮安应当成为先行军"。

其次,农场经营规模适中。三河农场目前拥有耕地 8 万余亩,被农业部确定为"全国农垦现代化农业示范区",农场主要以规模化麦稻种植为主,优质种子、稻米加工是农场两大立场产业。这些经营状况使三河农场具备了规模经营的条件，对于辐射苏北乃至江苏省内粮食生产经营具有典型示范意义，规模适中。三河农场 2015 年粮食作物（包括大豆）播种面积 83 451 亩，单产 596 公斤/亩，总产量 49 737 吨；夏粮播种面积 41 734 亩，单产 481 公斤/亩，总产量 20 074 吨；秋粮播种面积 41 717 亩，单产 711 公斤/亩，总产量 29 661 吨。

第三，农场的经营实践成就。三河农场隶属于江苏农垦集团，农垦系统具有一定程度的封闭性和独立性，在生产经营管理以及创新探索上具有一定的优势和条件。农场选用的稻谷品种为苏垦优选的非转基因稻种武育粳 3 号。农场水稻的生产已全部实行订单农业模式生产，生产出的水稻提供给苏垦米业加工。育种、种植、加工、运输、仓储过程全程可追溯。苏垦米业的质量追溯面积达到 54.6 万亩，居全国第一，并且每一个环节都可以进行追溯，从育种、育苗、种植、收割、仓储到加工都可以让消费者清楚地看到，使消费过程变得更加透明。苏垦农业已生产出苏垦生态粳米、有机香米等系列产品以及苏垦富硒米等特色高档米。

六、新型“放心粮”经营模式示范展示区项目

习近平强调，解决好吃饭问题始终是治国理政的头等大事。粮食安全问题事关国家经济发展和社会稳定大局。党的十九大报告提出中国特色社会主义进入了新时代，我国经济发展也进入了新时代，基本特征就是经济已由高速增长阶段转向高质量发展阶段。贯彻新发展理念，才能推动高质量发展，高质量发展又是贯彻新发展理念的根本体现。新型“放心粮”经营模式示范展示区项目主要由硬件建设和软件建设两大部分构成。该模式的构建和展示区项目的有效实施体现了创新、绿色、协调、共享、开放等新发展理念。该模式的实施也带来了显著的经济、社会和生态效益。在新发展理念视域下，通过新型“放心粮”经营模式示范展示区项目构建粮食质量安全运行模式目前具有重要的理论意义和现实需求。

（一）新发展理念

2015 年 10 月 29 日，习近平在党的十八届五中全会第二次全体会议上提出了创新、协调、绿色、开放、共享的发展理念。2017 年 10 月 18 日，习近平指出，要贯彻新发展理念，建设现代化经济体系。2018 年 3 月 11 日，“贯彻新发展理念”写入宪法。

创新发展主要是解决发展动力问题。推进经济高质量发展，必须不断推进

理论创新、制度创新、科技创新等各方面创新，让创新发展成为引领现代经济发展的第一动力源。

协调发展主要是解决发展不平衡问题。推进经济高质量发展，必须坚持新型信息化、工业化、城镇化、农业现代化同步发展，不断促进城镇与乡村、经济与社会、经济与生态协调发展，不断促进第一、二、三产业融合发展。

绿色发展主要是解决人与自然和谐问题。推进经济高质量发展，必须坚持可持续发展，着力化解过去高速发展带来的环境和生态危机，加快形成生态优先、绿色发展格局，切实做到人与自然和谐共生。

开放发展主要是解决发展内外联动问题。推进经济高质量发展，推进“一带一路”倡议，加快开发园区转型升级，提高对外开放的质量和发展的内外联动性，打造陆海内外联动、东西双向开放的全面开放新格局。

共享发展主要是解决社会公平正义问题。推进经济高质量发展，必须坚持一切为了人民利益至上，促进社会公平正义，加快打造共建共治共享社会治理格局，朝着实现全体人民共同富裕的目标不断迈进。

上述五大发展理念聚焦主要拐点和矛盾，以高质量供给满足人民日益增长的美好生活需要，更加关注经济增长背后的质量效益和综合效益。新发展理念与高质量发展之间是互为表里、相互促进的关系。只有贯彻新发展理念，才能增强发展动力，推动高质量发展；高质量发展本身又是贯彻新发展理念的根本体现，实现了高质量发展，可以更好地落实新发展理念。要实现高质量发展必须以新发展理念为战略引领。① 可以说，高质量发展，能够很好满足人民日益增长的美好生活需要的发展，是体现新发展理念的发展，是创新成为第一动力、协调成为内生特点、绿色成为普遍形态、开放成为必由之路、共享成为根本目的的发展。人民日益增长的美好生活需要，体现在对质量的要求、品种的要求、环境的要求、共享的要求以及民主、公平、正义的要求，等等②。

（二）新型“放心粮”经营模式示范展示区项目

新型“放心粮”经营模式示范展示区项目的主要内容由硬件建设和软件建设两部分构成。该项目改变了以往自上而下的粮食生产经营模式，从消费者角度，以市场为导向，本身就是一个最大的创新。该项目的有效实施，使生产出来的新型“放心粮”合格、合规、可追溯，种粮经营产业链此时不再是一条脆弱的直

① 邵彦敏：《新发展理念：高质量发展的战略引领》，载《国家治理》2018 年第 1 期，第 11-17 页。

② 许经勇：《以新发展理念引领现代化经济体系建设》，载《湖湘论坛》2018 年第 3 期，第 96-103 页。

线，而是闭环式螺旋上升的稳健生态系统，体现了新发展理念的协调发展理念和绿色环保理念。新型"放心粮"经营模式示范展示区项目的成功实施，可以带动周边粮农一起致富，体现了共享的新发展理念。新型"放心粮"经营模式示范展示区项目借鉴国内外成功经验，取长补短，提高对外开放的质量和发展的内外联动性。

新型"放心粮"经营模式示范展示区项目具体落地在湖北省监利县汪桥镇严场村一组，因为这里，不仅基础条件较好，而且具有较强的典型性和示范引领作用。

第一，江汉平原素有"两湖熟、天下足"的美誉。湖北省江汉平原地区是全国粮食主产区之一，是名副其实的天下粮仓。从国家政策导向不断强化农产品安全可追溯的大背景出发，在江汉平原试点新型"放心粮"经营模式，具有极强的政治意义和现实意义。

第二，监利县是全国水稻种植第一大县，典型性明显。监利县地处江汉平原腹地，进行新型"放心粮"经营模式试点成功之后无疑会在全国产生巨大的影响和示范效应。

第三，项目所在地局部区域环境优越。新型"放心粮"经营模式示范展示区项目具体落地在监利县汪桥镇，沙洪公路和周马省道经过此地，2016 年下半年已经开通的江监高速公路在项目所在地也有出入口匝道，把到武汉的时间缩短到了 1.5 小时。

此外，项目所在地的粮食生产产业是监利县政策引导支持的重中之重，有利于推进该项目的试点成功。

由于该示范展示区是以水稻种植为主，因此新型"放心粮"经营模式示范展示区项目的硬件建设和软件建设也是以水稻种植为主进行实施。

1. 硬件建设

示范展示区项目的硬件建设主要包括集中育秧供苗工厂化生产区、各种水稻业态示范种植核心展示区、农资"联购分供"管理区(测土配方肥生产设备设施硬件建设)、全程机械化作业农机队(农机设备建设)、粮食烘干收储和大米加工区以及高品质粮食种植生产经营全过程文字、影像模拟展示区等六个部分。

(1) 集中育秧供苗工厂化生产区。

集中育秧供苗工厂化生产区占地为水稻总种植面积的 5%左右，由自动催芽室、自动播种工作棚、暗化室、育秧温控棚、生产仓库、办公室及其辅助设施、独立供水系统、高低压供电系统以及厂区道路硬化等部分组成。

(2) 各种水稻业态示范种植核心展示区。

各种水稻业态示范种植核心展示区占地为水稻总种植面积的10%左右,主要包括再生稻、黄花粘等特色稻谷种植等展示板块。

(3) 农资"联购分供"管理区。

农资"联购分供"主要包括种子、农药、化肥的集中采购、统一调配供应,其中肥料部分主推有机肥和测土配方肥的自主生产供应。该部分包括了测土配方肥生产设备设施的硬件建设。

(4) 全程机械化作业农机队。

全程机械化作业农机队主要包括机耕机整组、插秧机组、施药组、收割组四个专业组。全程机械化作业是农业现代化重要组成部分,通过生产要素规模化、作业手段机械化来实现粮食生产经营的集约化发展,实现集约化发展之后必然大大促进专业化的形成。该部分包括了农机设备的建设。

(5) 粮食烘干收储和大米加工区。

粮食烘干收储和大米加工区由稻谷"不落地"收割烘干储存和大米加工两个功能区组成。两个功能区既独立构成又相互联接,大米加工设备紧接着水稻收割烘干存储设备。

(6) 高品质粮食种植生产经营全过程文字、影像模拟展示区。

高品质粮食种植生产经营全过程文字、影像展示,通过农家乐体验馆观摩粮食种植生产经营的全过程文字、影像展示资料,同时可以吃"放心粮"、品生态健康的农家菜等。

2. 软件建设

示范展示区项目的软件建设包括水稻种植生产经营之产前"以销定产"的水稻种植订单管理体系、农资"联购分供"管理体系,产中农机作业流程管理体系、农艺流程管理体系、工艺流程管理体系(含工厂化育秧、稻谷烘干收储、大米加工包装等),产后大米营销管理体系;全程二维码标识管理体系;高品质粮食种植生产经营全过程文字、影像资料归档管理体系等八个部分。

(1) "以销定产"的水稻种植订单管理体系。

依据粮食市场销售反馈的数据,面向实际经营百亩以上农田的粮农分解相应的水稻品种种植订单,以此为整个高质量粮食生产的起点,来开展后续的种粮生产和经营活动的管控。

(2) 农资"联购分供"管理体系。

用于高品质粮食生产经营的种子、化肥、农药等农资,根据整体规划实行集中统一采购，再以水稻种植订单为依据进行相应的配给管理。

(3) 农机作业流程管理体系。

水稻种植全过程机械化作业的机耕、机整、机插、机防、机收等环节，严格执行操作规范规程管理，保证安全标准化作业。

(4) 农艺流程管理体系。

水稻种植过程的水肥管理、病害虫害防治等由农艺专家指导，并严格执行农艺操作流程。大田网格化，每200亩固定一个专业技术人员进行田间管理。

(5) 工艺流程管理体系。

水稻种植生产过程中的工厂化育秧、稻谷烘干收储、大米加工包装等工序，严格执行工厂化标准管理流程。

(6) 大米营销管理体系。

针对农民专业合作社粮农稻米销售的市场特点，目前合作社可以实行两种大米销售模式：一是建立全国或者全省的销售联网系统，二是建立专业化电商。不论哪种营销方式都要尽量减少中间环节。

(7) 全程二维码标识管理体系。

通过规范的质量记录和信息采集，保证水稻生产经营全过程所用的原材料及辅助材料、参与生产经营的所有行为主体都得到标识记录，同时保有保全这些标识记录以方便追溯。

(8) 高品质粮食种植生产经营全过程文字、影像资料归档管理体系。

标准化生产是种粮经营行为的一项基础性工作。质量安全粮食的生产立足"合格"和"合规"，严控原材料和产品质量，同时通过标准化的农艺流程、工艺流程以及管理流程的标准化，实现粮食生产行为的规范化操作和管控。农业经营主体进行标准化生产之后，对于粮食生产的所有原材料和产品就更方便标识操作，所有质量标识记录整理归档，并方便查阅展示，也更容易被消费者所识别，有利于实现粮食生产全程的追溯和创建优势品牌。

3. 经济、社会、生态效益

(1) 经济效益。

保守估算，实施该项目后产生的经济效益如下：农资"联购分供"降低生产成本，种、肥、药批量采购每亩可节约成本100元，工厂化育秧每亩可增加收入30元，全程机械化作业每亩可降低成本50元，品牌化大米销售每亩可增加收入500元，每亩累计降本增效总额为680元。如果按照5 000亩计算，就是340万元。

(2) 社会效益。

新型"放心粮"经营模式示范展示区项目,从消费者能够吃上安全健康的"放心粮"视角出发,首先会在湖北江汉平原地区探索出生产"放心粮"的新路,成功之后还可以推广到全国其他粮食主产区,对全社会而言都是一个福音。具体而言,对粮食生产经营全产业链的产前、产中、产后都会产生深远的影响。

(3) 生态效益。

新型"放心粮"经营模式示范展示区项目,本身属于绿色无污染的现代农业生态项目,同时该项目倡导推广的农资"联购分供"模式和规范的农田植保、水肥管理跟踪技术指导,会直接管控和引导新型"放心粮"经营体系内外的粮农,尽可能正确适度使用高效低残留的生物农药和有机肥料,从而有效减轻或避免对农田和环境的伤害,无疑会对项目实施和推广地区的农田生态保护和修复产生积极而深远的影响。

总之,以质量安全为切入口,打造以粮食质量安全为核心竞争力,来推进高品质粮食生产集约化、专业化、组织化、社会化,推进标准化、标识化、追溯化、品牌化建设的新型种粮经营体系模式,让消费者切身感受到透明、健康、安全、放心。

第九章　粮食质量安全保障机制

尽管市场上有诸多打着“无公害”、“绿色”甚至“有机”标签的农产品，但不断出现的质量安全问题使消费者质疑这些“标签”已经被滥用并且正在失去应有的公信力；而对于市场上更多的没有上述“标签”的农产品而言，消费者就更加没有安全感了。粮食质量安全运行模式的主体在组织粮食的生产经营过程中，即在产前、产中、产后的各环节，既要做到价格合理、质量安全可控，在竞争中取得优势，又要很好地满足消费者的需求，必须在社会主义市场经济运行中通过市场机制来实现。

在社会主义市场经济条件下解决粮食质量安全问题，需要更好地发挥市场机制的作用。市场机制即市场运行机制，是市场主体在市场信号刺激下产生各种相应的调节功能，从而形成市场经济的运行。①

一、市场供求机制

（一）供给与需求

供给、需求、价格乃是经济学最重要的概念，现代经济学理论大厦就建立在这些概念的基础上。需求是指有支付能力的需求，总需求由消费、投资和净出口‘三驾马车’组成。供给是指生产者在某一时期某价格水平上愿意并且能够提供的商品或劳务，总供给可近似用总量生产函数来表示，由要素投入和全要素生产率共同决定。②

“供给侧”与“需求侧”相对应。需求侧有投资、消费、出口“三驾马车”，“三驾马车”决定短期经济增长率。而供给侧则有劳动力、土地、资本、创新四大要

① 黄江新：《新编社会主义市场经济理论教程》，立信会计出版社 1998 年版，第 59 页。

② 李佐军：《正确理解供给侧结构性改革》，载吴敬琏等：《供给侧改革引领“十三五”》，中信出版社 2016 年版，第 65 页。

素，四大要素在充分配置条件下所实现的增长率即中长期潜在经济增长率。而结构性改革旨在调整经济结构，使要素实现最优配置，提升经济增长的质量和数量。

供给侧包含两个基本方面：一方面，生产要素投入，如劳动投入、资本投入、土地等资源投入、企业家才能投入、政府管理投入，分别对应收入法计算的GDP中的工资、利息、地租、利润、税收；另一方面，全要素生产率提高，由制度变革、结构优化（如工业化、城镇化、区域经济一体化等）、要素升级（即生产要素质的提升，与生产要素量的投入增加不同，包括技术进步、知识增长、人力资本提升等，创新驱动即是解决这些问题）"三大发动机"决定，其中制度变革又是根源性发动机。隐含在其中的还有三个重要的供给侧因素：一是主体发展，包含劳动力或创业者、企业和企业家、投资者、政府管理者等主体素质的提高，以及其积极性和创造性的发挥；二是产业发展，包含产业结构优化、产业升级、新兴产业成长等；三是区域发展，包含区域创新、区域结构优化、区域新增长点的形成等。①

（二）供给侧结构性改革

所谓供给侧结构性改革就是指从供给侧入手，针对结构性问题而推进的改革。从供给侧入手、针对结构性问题而推进的改革几乎包括了所有重要领域的改革，如产权制度改革、国企改革、土地制度改革、行政管理制度改革、金融制度改革、财税制度改革、社会福利制度改革、价格制度改革、生态制度改革，等等。可以说，从"需求侧"转向"供给侧"，相当于从"政府调控侧"转向"全面改革侧"。

简言之，供给侧结构性改革是指从提高供给质量出发，用改革的办法推进结构调整，矫正要素配置扭曲，扩大有效供给，提高供给结构对需求变化的适应性和灵活性，提高全要素生产率，更好满足广大人民群众的需要，促进经济社会持续健康发展的改革。

供给侧结构性改革内包含了以下几层含义：① 用增量改革促存量调整，在增加投资过程中优化投资结构、产业结构开源疏流，在经济可持续高速增长的基础上实现经济可持续发展与人民生活水平不断提高；② 优化产权结构，国进民进、政府宏观调控与民间活力相互促进；③ 优化投融资结构，促进资源整合，实现资源优化配置与优化再生；④ 优化产业结构、提高产业质量，优化产品结

---

① 李佐军：《正确理解供给侧结构性改革》，载吴敬琏等：《供给侧改革引领"十三五"》，中信出版社2016年版，第66页。

构、提升产品质量；⑤ 优化分配结构，实现公平分配，使消费成为生产力；⑥ 优化流通结构，节省交易成本，提高有效经济总量；⑦ 优化消费结构，实现消费品不断升级，不断提高人民生活品质，实现创新—协调—绿色—开放—共享的发展。总之，供给侧结构性改革旨在调整经济结构，使要素实现最优配置，提升经济增长的质量和数量。

如果用一个公式来描述人们口头上所说的“供给侧改革”，那就是“供给侧＋结构性＋改革”。其含义是：用改革的办法推进结构调整，减少无效和低端供给，扩大有效和中高端供给，增强供给结构对需求变化的适应性和灵活性，提高全要素生产率，使供给体系更好适应需求结构变化。

推进供给侧结构性改革的实质，要正确处理好政府与市场的关系，发挥好市场在资源配置中的决定性作用，同时更好地发挥政府的作用。过去，我们过多地通过政府的需求管理政策，特别是政府投资政策和货币金融政策，从需求侧“三驾马车”来拉动经济增长，“有形之手”伸得过长。今后，我们要更加强调供求平衡，在适度扩大总需求的同时，强化供给侧结构性改革，特别是要更多地发挥好企业和个人的作用，充分调动其积极性和创造性，将政府的主要职责定位于制定好法律、法规、标准和政策，为企业和社会提供良好的制度和政策环境。[①]

（三）理论分析

1. 供给侧结构性改革提出的背景

改革开放 40 多年来，中国经济持续高速增长，成功步入中等收入国家行列，已成为名副其实的经济大国。但随着人口红利衰减、“中等收入陷阱”风险累积、国际经济格局深刻调整等一系列内因与外因的作用，经济发展正进入“新常态”。

2003 年后，中国央企生产力变革变得很缓慢，钢铁、煤炭、水泥、玻璃、石油、石化、铁矿石、有色金属等几大行业，亏损面已经达到 80%，产业的利润下降幅度最大，产能过剩很严重。截至 2015 年 12 月初，几大行业的工业生产者出厂价格指数（PPI）已连续 40 多个月呈负增长状态，这几大行业对整个工业 PPI 的下降贡献占了 70%～80%。

中国供需关系正面临着不可忽视的结构性失衡，“供需错位”已成为阻挡中

① 李佐军：《正确理解供给侧结构性改革》，载吴敬琏等：《供给侧改革引领“十三五”》，中信出版社 2016 年版，第 68 页。

国经济持续增长的最大路障。一方面，过剩产能已成为制约中国经济转型的一大包袱；另一方面，中国的供给体系，总体上是中低端产品过剩，高端产品供给不足。因此，发展的现实要求强调要从生产、供给端入手，调整供给结构，为真正启动内需，打造经济发展新动力寻求路径。

2008年国际金融危机爆发以后，为了保增长或稳增长，中国采取了一系列主要针对经济周期性波动的宏观调控政策，如积极的财政政策、稳健的货币政策和政府投资政策。这些政策确实起到了保增长或稳增长的效果。但是，2015年以来，我国经济进入了一个新阶段，主要经济指标之间的联动性出现背离，经济增长持续下行与居民消费价格指数(CPI)持续低位运行，居民收入有所增加而企业利润率下降，消费上升而投资下降，等等。对照经典经济学理论，当前我国出现的这种情况既不是传统意义上的滞胀，也非标准形态的通缩。与此同时，宏观调控层面货币政策持续加大力度而效果不彰，投资拉动上急而下徐，旧经济疲态显露而以“互联网＋”为依托的新经济生机勃勃，东北经济危机加重而一些原来缺乏优势的西部省区异军突起……简言之，中国经济的结构性分化正趋于明显。为适应这种变化，在正视传统的需求管理还有一定优化提升空间的同时，迫切需要改善供给侧环境、优化供给侧机制，通过改革制度供给，大力激发微观经济主体活力，增强我国经济长期稳定发展的新动力。

制度经济学代表人物之一、美国著名经济学家舒尔茨说过，任何制度都是对实际生活中已经存在的需求的响应。随着中国经济进入转型升级的新阶段，一些制度体系已严重滞后，进而产生了创新制度供给的迫切需求。所有这些需求加起来，可以概括为一句话：发挥市场配置资源的决定性作用和更好地发挥政府作用。这主要是因为，我国在影响经济增长至关重要的土地、劳动力、资本、创新等要素方面，还存在着十分明显的供给抑制与供给约束。现在制度结构、生产结构已经不能满足庞大中等收入家庭的各类新需求，不利于中国各类消费潜力、改革红利的释放。正是在这个意义上，党的十八届五中全会才会提出“释放新需求，创造新供给”的号召。习近平和李克强在不同场合强调了“加强供给侧结构性改革”。中国“供给侧结构性改革”并非简单复制供给学派的“供给管理”，而是希望通过改革实现经济结构的调整和优化，从而避免潜在增速的大幅下行，其实质是中共十八届三中全会“全面深化改革”在要素领域的延续和聚焦。从中国政府改革的角度看，供给侧改革可谓中国改革开放以来最深刻的一次政府功能转变。经济结构调整，产业结构调整，要求政府在公共政策的制定和执行上，多方面降低对中国经济的供给约束，使产业、企业的自然活力非受限于作为公共政策供给方的政府约束。

2. 农业供给侧结构性改革

我们用不到世界 1/10 的耕地生产了世界 1/4 的粮食，养活了占世界近 1/5 的人口，取得了粮食产量“十二连增”这一世界和历史罕见的伟大成就。但在保证“十二连增”的背后也积累了许多的结构性问题，叠加消费升级引发的需求侧改变也使得农业供给侧改革的需求越发迫切。这也意味着未来的农业政策导向必须由“保量”转变为“增质”，花更大力气去解决农业发展中存在的结构性问题。要彻底破除目前我国农业发展中遭遇的结构性矛盾，必须进行更深层次的农业供给侧改革。通过改革当前农产品价格形成机制和农业补贴机制，优化产业结构，提升生产效率，降低生产成本，使我国农民在获得适当补贴的状态下生产出与国际粮价相同甚至更低的农产品，真正做到保证粮食安全，实现农民增收和农业现代化。

2016 年 12 月的中央农村工作会议在粮食安全战略上的重大转变是，从主要满足“量”的需求，向追求绿色生态可持续、更加注重满足“质”的需求转变。目前农业供给侧结构性改革的重点是“要在确保国家粮食安全基础上，着力优化产业产品结构”。这就是说，其表现是当前中国粮食安全问题不是在“量”上，而且在“质”上，特别是农产品产出结构上。保证粮食品种结构、品质安全将成为今后一段时期内实施粮食安全战略的重点，这也是实施农业供给侧结构性改革的主要内容。从中已经可以初步看出当前中央对于农业供给侧改革的思路框架：以确保国家粮食安全为基础，以增加农民收入、保障有效供给为主要目标，以提高农业供给质量为主攻方向，以体制改革和机制创新为根本途径，从资源消耗型的“保量”向绿色生态可持续的“增质”转变。

新型“放心粮”经营模式体现了供给侧结构性改革的内容和深化农业供给侧结构性的要求。推进土地制度改革，释放供给活力；加快金融体制改革，解除金融抑制；实施创新驱动战略，开辟供给空间；深化简政放权改革，促进供给质量；构建社会服务体系，推进配套改革。一方面通过土地流转实现规模化经营，提升生产效率，为农民增收；另一方面又能加速我国的城镇化步伐，从而实现农地与劳动力双双优化配置。

二、竞争机制

竞争机制能对企业形成一种外在的压力，促进企业劳动生产率的提高，有效使用相对稀缺的资源，针对市场变化，及时转换经营策略，增强企业活力和发展的动力。[①] 要想在市经济优胜劣汰的运行法则中立于不败之地，需要采取规模经济而最大限度地降低交易成本。

（一）规模经济理论

规模经济理论的源头来自于亚当·斯密和大卫·李嘉图，他们分别从绝对优势和比较优势的视角出发，阐述了分工和专业化所引起的技术变革，由此极大地促进了生产力的发展，而每次技术变革都有赖于一种或几种更不可分的生产工具，正是"不可分性"促成了规模经济产生，但没有具体阐述规模经济的内涵。之后，穆勒和马克思对规模经济的优势作了进一步论述。穆勒认为，分工能够节约生产成本，因此必须扩大生产经营规模。马克思立足于市场和企业内部分工，主要从协作视角对规模经济进行了阐述。他认为，随着企业生产经营规模扩大，投资总额增加，企业生产过程变得日趋复杂，逐步由简单协作向专业化协作及以机器设备为基础的协作转变，在此过程中逐步获得规模经济，而且资本越大，实力越雄厚。

最早提出"规模经济"一词的是新古典学派的马歇尔，他将规模经济划分为内在经济及外在经济，并指出规模经济与垄断之间难以抉择。新古典学派认为，企业实现规模经济的关键在于其生产技术条件要达到一定的水准，直观的判断标准是体现该生产技术的大型生产设备投资额的规模。因此，该学派仅仅是从技术角度讨论企业的规模。另外，制度学派的科斯和威廉姆森对规模经济也作过相关阐述。科斯从交易费用的角度对企业规模进行了论述，他认为企业规模应该是有边界的，不能无限扩大，企业规模的最佳点应该是市场交易费用与企业内部协调费用相等时所具有的规模。威廉姆森论述企业规模经济是从资产专用视角出发的。他认为企业规模主要受资产专用程度、交易频率和不确定性三种因素的影响，三者的绝对值越大，企业扩大生产规模的欲望就越强烈。真正给出规模经济内涵的是萨缪尔森，他认为，当企业投入生产要素时，产量增加比例比投入增加比例大，而且随着产量增加，产品的平均成本逐渐下降，该阶段即为规模经济，当然也存在着规模不经济现象。

规模经济理论为测度粮食质量安全运行模式中农地适度规模经营奠定了基础。由该理论可以得出，农地经营规模既不能无限扩大，并非规模越大效率越高，又不能过于狭小，而应当保持适度。至于农地适度规模的范围在哪里，应当依据相应的判断标准，标准不同，适度规模也随之而变。应立足于综合效益

① 黄江新：《新编社会主义市场经济理论教程》，立信会计出版社1998年版，第64页。

视角，对粮食质量安全运行模式农户土地适度规模经营的“度”进行相关测度，依据研究结论提出相应的政策建议，推动粮食经营更好的向前发展。

（二）交易成本理论

交易成本理论又称交易费用理论，其与产权理论共同构成了新制度经济学的两大支柱。早在《企业的性质》一文中，科斯即将交易费用和产权关联在一起，体现在“科斯定理”中：只要交易成本为零或很小，无论财产权属如何，市场机制均能以最有效率的方式配置资源。然而在实际生活中，科斯认为，市场交易是存在成本的，即交易费用，其主要包括相对价格发现、谈判、签约和履行合约的费用等。遵循该分析框架，后续研究者对该理论进行了进一步拓展。

威廉姆森将所有交易活动置于整个经济系统中，他认为交易活动的进行有赖于契约关系的建立，主要包括市场交易合同和企业内部协调及组织合同两大方面，而签订和执行上述合同是需要成本的。原因在于：第一，人的理性有限性。人们不可能在签约时将所有因素考虑完全并在短期内做出调整；第二，由于人的投机性、未来的复杂性以及合同自身的漏洞，会使得合同的执行效果打折扣。之后，他进一步在合同的基础上将交易成本划分为事前和事后成本。事前成本是指合同的起草、谈判、签约以及签约过程中根据实际情况调整所耗费的成本；事后成本则包括执行及维护成本。在此基础上，华盛顿交易学派对交易成本内涵作了进一步深化。张五常对交易成本的理解为：凡不直接消耗在物质生产过程中的成本均属于交易成本，而不仅仅只包括围绕合约而产生的成本。该界定极大地扩展了交易成本内涵的边界，具有一般性。基于张五常的认识，道格拉斯·诺斯将交易成本定义为执行交易功能所消耗的资源，目的是为了获得社会分工、专业化生产所带来的收益。

改革开放前的计划经济体制的效率低下的原因就是其交易成本很高。改革开放以来逐步形成的社会主义市场经济体制，之所以取得了连续多年10%左右的高速经济增长，是因为它大大降低了市场交易成本。该理论对粮食质量安全运行也具有重大的指导意义。农民合作社在创建及发展过程中会产生必要的交易费用，而且当交易费用足够大时，会严重阻碍农民合作社发展。国家要大力扶持合作社发展，尤其是在土地流转方面。为了将土地有效集中，村委会分别与土地转出户和农业经营者签订相应的合同，后两者之间不发生直接的联系，从而有效减少了他们之间直接交易而产生的费用，进而提高了土地流转的效率，使得合作社能够得以有效构建并取得较大的发展。另外，在社会化服务方面，政府的扶持力度也要加大，比如水稻种植技术、病虫害防治、绿肥作物种植、气象化服务、专业网站构建、与合作社衔接、农机服务、专业培训等，甚至有专家直接到田间亲自进行技术指导或追踪服务，从而直接或间接减少合作社在生产经营过程中的交易成本，较大地激发经营者的生产经营热情以及扩大生产经营规模的欲望。在种子培育、购买，农机、农药、化肥等生产资料的采购，粮食作物的管理，大米的加工和销售等环节，因为具备了一定的适度规模，必将大大降低谈判成本。利用互联网信息技术完成农产品预付款下单的任务、微信朋友群的有关成员转化为农产品需求订单会员、订单农业的微信技术实现以及会员制落地模式的形成，以及具有一定规模的经销商可以考虑建立一个基于现货的放心农产品期货交易平台等，都将大大降低交易成本，为粮食安全生产经营顺利进行奠定基础。

三、“四体”保障机制

本创新模式突破对粮食安全笼统地分析，紧紧围绕供给侧结构性改革背景下加快农业现代化进程中实现粮食质量安全这一中心命题展开，突破“自上而下”的传统的粮食生产经营模式，尝试从消费者角度出发，以消费者需求为中心，以现实问题为导向，以市场为主导，政府相关职能部门参与，生产供给出令消费者真正放心的粮食，并设计出我国粮食质量安全的机制体系，为健全国家粮食安全保障体系提供理论指导和思路借鉴，使我国中央一号文件中有关“从农田到餐桌”确保农产品质量安全的提法真正地落地和实施起来。粮食质量安全保障机制具体通过以下四个体系建立：组建新型的粮食生产经营主体联盟体系；粮食生产的每道工序实现工业化、机械化标准流程管理体系；粮食质量真正可回溯的质量标识体系；减少中间环节的粮食营销体系。

（一）组建新型的粮食生产经营主体联盟体系

以市场订单为指引，联合百亩[①]以上农田经营权的家庭农场、种粮大户、相关的农民专业合作社，优质可靠的农资供应商，严格管控加工质量的米厂（含烘干和标识仓储），共同组成新型的粮食生产经营主体联盟体系，使粮食生产的产

---

① 作者在此提出“百亩”的规模农田标准。在苏北，外出务工人数超过了总人口的50%。留在农村的人员大多通过“对手交易”等市场自整合方式，已经形成了相当数量的种粮大户、家庭农场和农民专业合作社，这些粮农主体大多实际经营着百亩以上的农田。我们局部突围构建的“放心粮”经营体系，主要依托这些粮农主体。“百亩”规模标准原因有三：① 符合政策引导的适度规模；② 土地流转产生了相当数量的百亩左右规模种粮经营主体；③ 百亩左右农田的产粮规模，为不混杂收储和加工“放心粮”提供了必要条件。

前、产中、产后全产业链所有工序受控。

(二) 粮食生产的每道工序实现工业化、机械化标准流程管理体系

粮食生产的工业化、机械化标准作业流程管理体系，主要包括集中育秧供苗工厂化、种植作业全程机械化以及稻谷收储和大米加工标准化，这个管理体系对生产“放心粮”的核心要素——“合格”[①]和“合规”[②]进行全方位管控。

(三) 粮食质量真正可回溯的质量标识体系

可回溯的质量标识简称“溯源”，是指所有参与粮食生产的各行为主体的质量责任得到标识，并始终保全这些标识和能够溯源追责。“溯源”是“放心粮”生产的质量责任能够得到问责追责的基础，这个关键环节的实施，使得粮食生产各行为主体的质量责任一目了然，由此贯穿始终地督导所有行为主体在粮食生产过程中守法经营、按章经营。以 100 亩产粮 50 吨为一个独立的分隔收储和加工批次，通过粮食“不落地”收割烘干，以及独立的分隔收储和加工，保全了水稻种植过程中建立起来的质量可回溯跟踪标识，彻底改变收储和加工“高度混杂”无法回溯到农资供应责任主体和稻谷种植责任主体的局面。在这个“溯源”体系中，粮库和米厂不再是粮食质量安全的追责终点。

(四) 减少中间环节的粮食营销体系

针对联合社粮农稻米销售的市场特点，目前可以构建两种销售途径：一是依托有影响的门店销售；二是建立专业化电商。这些方式尽量杜绝中间环节，既降低了销售成本，又防止了中间环节可能造成的人为质量“污染”。

---

① 联合社对农资采购采用“联购分供”模式，通过规范的合同评审采购流程保证用于粮食种植生产的所有原材料(包括种肥药水和粮食包装材料等)，全部达到或高于国家标准。

② 作为“放心粮”标准的制定者和实施督导者，联合社保证粮食种植生产全过程采用的农艺流程(例如植保)、工艺流程(例如工厂化育秧，粮食加工)、以及管理流程(例如仓储管理，销售管理)，全部符合国家、行业、企业的相关规范规定。

附录 相关法律法规文件摘录

中华人民共和国宪法(节选)

(1982 年 12 月 4 日第五届全国人民代表大会第五次会议通过，1982 年 12 月 4 日全国人民代表大会公告公布施行。根据 1988 年 4 月 12 日第七届全国人民代表大会第一次会议通过的《中华人民共和国宪法修正案》、1993 年 3 月 29 日第八届全国人民代表大会第一次会议通过的《中华人民共和国宪法修正案》、1999 年 3 月 15 日第九届全国人民代表大会第二次会议通过的《中华人民共和国宪法修正案》、2004 年 3 月 14 日第十届全国人民代表大会第二次会议通过的《中华人民共和国宪法修正案》和 2018 年 3 月 11 日第十三届全国人民代表大会第一次会议通过的《中华人民共和国宪法修正案》修正)

第八条 农村集体经济组织实行家庭承包经营为基础、统分结合的双层经营体制。农村中的生产、供销、信用、消费等各种形式的合作经济，是社会主义劳动群众集体所有制经济。参加农村集体经济组织的劳动者，有权在法律规定的范围内经营自留地、自留山、家庭副业和饲养自留畜。

城镇中的手工业、工业、建筑业、运输业、商业、服务业等行业的各种形式的合作经济，都是社会主义劳动群众集体所有制经济。

国家保护城乡集体经济组织的合法的权利和利益，鼓励、指导和帮助集体经济的发展。

第九条 矿藏、水流、森林、山岭、草原、荒地、滩涂等自然资源，都属于国家所有，即全民所有；由法律规定属于集体所有的森林和山岭、草原、荒地、滩涂除外。

国家保障自然资源的合理利用，保护珍贵的动物和植物。禁止任何组织或者个人用任何手段侵占或者破坏自然资源。

第十条　城市的土地属于国家所有。

农村和城市郊区的土地，除由法律规定属于国家所有的以外，属于集体所有；宅基地和自留地、自留山，也属于集体所有。

国家为了公共利益的需要，可以依照法律规定对土地实行征收或者征用并给予补偿。

任何组织或者个人不得侵占、买卖或者以其他形式非法转让土地。土地的使用权可以依照法律的规定转让。

一切使用土地的组织和个人必须合理地利用土地。

第十二条　社会主义的公共财产神圣不可侵犯。

国家保护社会主义的公共财产。禁止任何组织或者个人用任何手段侵占或者破坏国家的和集体的财产。

第十三条　公民的合法的私有财产不受侵犯。

国家依照法律规定保护公民的私有财产权和继承权。

国家为了公共利益的需要，可以依照法律规定对公民的私有财产实行征收或者征用并给予补偿。

第十五条　国家实行社会主义市场经济。

国家加强经济立法，完善宏观调控。

国家依法禁止任何组织或者个人扰乱社会经济秩序。

第十七条　集体经济组织在遵守有关法律的前提下，有独立进行经济活动的自主权。

集体经济组织实行民主管理，依照法律规定选举和罢免管理人员，决定经营管理的重大问题。

第二十六条　国家保护和改善生活环境和生态环境，防治污染和其他公害。

国家组织和鼓励植树造林，保护林木。

中华人民共和国物权法(节选)

（2007年3月16日，第十届全国人民代表大会第五次会议通过）

第四条　国家、集体、私人的物权和其他权利人的物权受法律保护，任何单位和个人不得侵犯。

第十条 不动产登记，由不动产所在地的登记机构办理。

国家对不动产实行统一登记制度。统一登记的范围、登记机构和登记办法，由法律、行政法规规定。

第十一条 当事人申请登记，应当根据不同登记事项提供权属证明和不动产界址、面积等必要材料。

第四十二条 为了公共利益的需要，依照法律规定的权限和程序可以征收集体所有的土地和单位、个人的房屋及其他不动产。

征收集体所有的土地，应当依法足额支付土地补偿费、安置补助费、地上附着物和青苗的补偿费等费用，安排被征地农民的社会保障费用，保障被征地农民的生活，维护被征地农民的合法权益。

征收单位、个人的房屋及其他不动产，应当依法给予拆迁补偿，维护被征收人的合法权益；征收个人住宅的，还应当保障被征收人的居住条件。

任何单位和个人不得贪污、挪用、私分、截留、拖欠征收补偿费等费用。

第四十三条 国家对耕地实行特殊保护，严格限制农用地转为建设用地，控制建设用地总量。不得违反法律规定的权限和程序征收集体所有的土地。

第四十七条 城市的土地，属于国家所有。法律规定属于国家所有的农村和城市郊区的土地，属于国家所有。

第五十八条 集体所有的不动产和动产包括：

（一）法律规定属于集体所有的土地和森林、山岭、草原、荒地、滩涂；

（二）集体所有的建筑物、生产设施、农田水利设施；

（三）集体所有的教育、科学、文化、卫生、体育等设施；

（四）集体所有的其他不动产和动产。

第五十九条 农民集体所有的不动产和动产，属于本集体成员集体所有。

下列事项应当依照法定程序经本集体成员决定：

（一）土地承包方案以及将土地发包给本集体以外的单位或者个人承包；

（二）个别土地承包经营权人之间承包地的调整；

（三）土地补偿费等费用的使用、分配办法；

（四）集体出资的企业的所有权变动等事项；

（五）法律规定的其他事项。

第六十条 对于集体所有的土地和森林、山岭、草原、荒地、滩涂等，依照下列规定行使所有权：

（一）属于村农民集体所有的，由村集体经济组织或者村民委员会代表集体行使所有权；

（二）分别属于村内两个以上农民集体所有的，由村内各该集体经济组织或者村民小组代表集体行使所有权；

（三）属于乡镇农民集体所有的，由乡镇集体经济组织代表集体行使所有权。

第一百二十四条　农村集体经济组织实行家庭承包经营为基础、统分结合的双层经营体制。

农民集体所有和国家所有由农民集体使用的耕地、林地、草地以及其他用于农业的土地，依法实行土地承包经营制度。

第一百二十五条　土地承包经营权人依法对其承包经营的耕地、林地、草地等享有占有、使用和收益的权利，有权从事种植业、林业、畜牧业等农业生产。

第一百二十六条　耕地的承包期为三十年。草地的承包期为三十年至五十年。林地的承包期为三十年至七十年；特殊林木的林地承包期，经国务院林业行政主管部门批准可以延长。

前款规定的承包期届满，由土地承包经营权人按照国家有关规定继续承包。

第一百二十七条　土地承包经营权自土地承包经营权合同生效时设立。

县级以上地方人民政府应当向土地承包经营权人发放土地承包经营权证、林权证、草原使用权证，并登记造册，确认土地承包经营权。

第一百二十八条　土地承包经营权人依照农村土地承包法的规定，有权将土地承包经营权采取转包、互换、转让等方式流转。流转的期限不得超过承包期的剩余期限。未经依法批准，不得将承包地用于非农建设。

第一百二十九条　土地承包经营权人将土地承包经营权互换、转让，当事人要求登记的，应当向县级以上地方人民政府申请土地承包经营权变更登记；未经登记，不得对抗善意第三人。

第一百三十条　承包期内发包人不得调整承包地。

因自然灾害严重毁损承包地等特殊情形，需要适当调整承包的耕地和草地的，应当依照农村土地承包法等法律规定办理。

第一百三十一条　承包期内发包人不得收回承包地。农村土地承包法等法律另有规定的，依照其规定。

第一百三十二条　承包地被征收的，土地承包经营权人有权依照本法第四十二条第二款的规定获得相应补偿。

第一百三十三条 通过招标、拍卖、公开协商等方式承包荒地等农村土地，依照农村土地承包法等法律和国务院的有关规定，其土地承包经营权可以转让、入股、抵押或者以其他方式流转。

第一百三十四条 国家所有的农用地实行承包经营的，参照本法的有关规定。

中华人民共和国农业法(节选)

(1993 年 7 月 2 日第八届全国人民代表大会常务委员会第二次会议通过，2002 年 12 月 28 日第九届全国人民代表大会常务委员会第三十一次会议修订，2002 年 12 月 28 日中华人民共和国主席令第八十一号公布，自 2003 年 1 月 1 日起施行)

第二条 本法所称农业，是指种植业、林业、畜牧业和渔业等产业，包括与其直接相关的产前、产中、产后服务。

本法所称农业生产经营组织，是指农村集体经济组织、农民专业合作经济组织、农业企业和其他从事农业生产经营的组织。

第五条 国家坚持和完善公有制为主体、多种所有制经济共同发展的基本经济制度，振兴农村经济。

国家长期稳定农村以家庭承包经营为基础、统分结合的双层经营体制，发展社会化服务体系，壮大集体经济实力，引导农民走共同富裕的道路。

国家在农村坚持和完善以按劳分配为主体、多种分配方式并存的分配制度。

第十条 国家实行农村土地承包经营制度，依法保障农村土地承包关系的长期稳定，保护农民对承包土地的使用权。

农村土地承包经营的方式、期限、发包方和承包方的权利义务、土地承包经营权的保护和流转等，适用《中华人民共和国土地管理法》和《中华人民共和国农村土地承包法》。

农村集体经济组织应当在家庭承包经营的基础上，依法管理集体资产，为其成员提供生产、技术、信息等服务，组织合理开发、利用集体资源，壮大经济实力。

第十一条 国家鼓励农民在家庭承包经营的基础上自愿组成各类专业合

作经济组织。

农民专业合作经济组织应当坚持为成员服务的宗旨，按照加入自愿、退出自由、民主管理、盈余返还的原则，依法在其章程规定的范围内开展农业生产经营和服务活动。

农民专业合作经济组织可以有多种形式，依法成立、依法登记。任何组织和个人不得侵犯农民专业合作经济组织的财产和经营自主权。

第十五条　县级以上人民政府根据国民经济和社会发展的中长期规划、农业和农村经济发展的基本目标和农业资源区划，制定农业发展规划。

省级以上人民政府农业行政主管部门根据农业发展规划，采取措施发挥区域优势，促进形成合理的农业生产区域布局，指导和协调农业和农村经济结构调整。

第二十二条　国家采取措施提高农产品的质量，建立健全农产品质量标准体系和质量检验检测监督体系，按照有关技术规范、操作规程和质量卫生安全标准，组织农产品的生产经营，保障农产品质量安全。

第三十一条　国家采取措施保护和提高粮食综合生产能力，稳步提高粮食生产水平，保障粮食安全。

国家建立耕地保护制度，对基本农田依法实行特殊保护。

第三十二条　国家在政策、资金、技术等方面对粮食主产区给予重点扶持，建设稳定的商品粮生产基地，改善粮食收贮及加工设施，提高粮食主产区的粮食生产、加工水平和经济效益。

国家支持粮食主产区与主销区建立稳定的购销合作关系。

第三十四条　国家建立粮食安全预警制度，采取措施保障粮食供给。国务院应当制定粮食安全保障目标与粮食储备数量指标，并根据需要组织有关主管部门进行耕地、粮食库存情况的核查。

国家对粮食实行中央和地方分级储备调节制度，建设仓储运输体系。承担国家粮食储备任务的企业应当按照国家规定保证储备粮的数量和质量。

第三十五条　国家建立粮食风险基金，用于支持粮食储备、稳定粮食市场和保护农民利益。

第三十六条　国家提倡珍惜和节约粮食，并采取措施改善人民的食物营养结构。

中华人民共和国土地管理法(节选)

(1986年6月25日第六届全国人民代表大会常务委员会第十六次会议通过 根据1988年12月29日第七届全国人民代表大会常务委员会第五次会议《关于修改〈中华人民共和国土地管理法〉的决定》第一次修正 1998年8月29日第九届全国人民代表大会常务委员会第四次会议修订 根据2004年8月28日第十届全国人民代表大会常务委员会第十一次会议《关于修改〈中华人民共和国土地管理法〉的决定》第二次修正 根据2019年8月26日第十三届全国人民代表大会常务委员会第十二次会议《关于修改〈中华人民共和国土地管理法〉、〈中华人民共和国城市房地产管理法〉的决定》第三次修正)

第二条 中华人民共和国实行土地的社会主义公有制,即全民所有制和劳动群众集体所有制。

全民所有,即国家所有土地的所有权由国务院代表国家行使。

任何单位和个人不得侵占、买卖或者以其他形式非法转让土地。土地使用权可以依法转让。

国家为了公共利益的需要,可以依法对土地实行征收或者征用并给予补偿。

国家依法实行国有土地有偿使用制度。但是,国家在法律规定的范围内划拨国有土地使用权的除外。

第四条 国家实行土地用途管制制度。

国家编制土地利用总体规划,规定土地用途,将土地分为农用地、建设用地和未利用地。严格限制农用地转为建设用地,控制建设用地总量,对耕地实行特殊保护。

前款所称农用地是指直接用于农业生产的土地,包括耕地、林地、草地、农田水利用地、养殖水面等;建设用地是指建造建筑物、构筑物的土地,包括城乡住宅和公共设施用地、工矿用地、交通水利设施用地、旅游用地、军事设施用地等;未利用地是指农用地和建设用地以外的土地。

使用土地的单位和个人必须严格按照土地利用总体规划确定的用途使用土地。

第八条 城市市区的土地属于国家所有。

农村和城市郊区的土地，除由法律规定属于国家所有的以外，属于农民集体所有；宅基地和自留地、自留山，属于农民集体所有。

第九条　国有土地和农民集体所有的土地，可以依法确定给单位或者个人使用。使用土地的单位和个人，有保护、管理和合理利用土地的义务。

第十条　农民集体所有的土地依法属于村农民集体所有的，由村集体经济组织或者村民委员会经营、管理；已经分别属于村内两个以上农村集体经济组织的农民集体所有的，由村内各该农村集体经济组织或者村民小组经营、管理；已经属于乡（镇）农民集体所有的，由乡（镇）农村集体经济组织经营、管理。

第十一条　农民集体所有的土地，由县级人民政府登记造册，核发证书，确认所有权。

单位和个人依法使用的国有土地，由县级以上人民政府登记造册，核发证书，确认使用权；其中，中央国家机关使用的国有土地的具体登记发证机关，由国务院确定。

确认林地、草原的所有权或者使用权，确认水面、滩涂的养殖使用权，分别依照《中华人民共和国森林法》、《中华人民共和国草原法》和《中华人民共和国渔业法》的有关规定办理。

第十二条　依法改变土地权属和用途的，应当办理土地变更登记手续。

第十三条　依法登记的土地的所有权和使用权受法律保护，任何单位和个人不得侵犯。

第十四条　农民集体所有的土地由本集体经济组织的成员承包经营，从事种植业、林业、畜牧业、渔业生产。土地承包经营期限为三十年。发包方和承包方应当订立承包合同，约定双方的权利和义务。承包经营土地的农民有保护和按照承包合同约定的用途合理利用土地的义务。农民的土地承包经营权受法律保护。

在土地承包经营期限内，对个别承包经营者之间承包的土地进行适当调整的，必须经村民会议三分之二以上成员或者三分之二以上村民代表的同意，并报乡（镇）人民政府和县级人民政府农业行政主管部门批准。

第十五条　国有土地可以由单位或者个人承包经营，从事种植业、林业、畜牧业、渔业生产。农民集体所有的土地，可以由本集体经济组织以外的单位或者个人承包经营，从事种植业、林业、畜牧业、渔业生产。发包方和承包方应当订立承包合同，约定双方的权利和义务。土地承包经营的期限由承包合同约定。承包经营土地的单位和个人，有保护和按照承包合同约定的用途合理利用土地的义务。

农民集体所有的土地由本集体经济组织以外的单位或者个人承包经营的，必须经村民会议三分之二以上成员或者三分之二以上村民代表的同意，并报乡(镇)人民政府批准。

第十六条 土地所有权和使用权争议，由当事人协商解决；协商不成的，由人民政府处理。

单位之间的争议，由县级以上人民政府处理；个人之间、个人与单位之间的争议，由乡级人民政府或者县级以上人民政府处理。

当事人对有关人民政府的处理决定不服的，可以自接到处理决定通知之日起 30 日内，向人民法院起诉。

在土地所有权和使用权争议解决前，任何一方不得改变土地利用现状。

第十七条 各级人民政府应当依据国民经济和社会发展规划、国土整治和资源环境保护的要求、土地供给能力以及各项建设对土地的需求，组织编制土地利用总体规划。

土地利用总体规划的规划期限由国务院规定。

第二十条 县级土地利用总体规划应当划分土地利用区，明确土地用途。

乡(镇)土地利用总体规划应当划分土地利用区，根据土地使用条件，确定每一块土地的用途，并予以公告。

第三十一条 国家保护耕地，严格控制耕地转为非耕地。

国家实行占用耕地补偿制度。非农业建设经批准占用耕地的，按照“占多少，垦多少”的原则，由占用耕地的单位负责开垦与所占用耕地的数量和质量相当的耕地；没有条件开垦或者开垦的耕地不符合要求的，应当按照省、自治区、直辖市的规定缴纳耕地开垦费，专款用于开垦新的耕地。

省、自治区、直辖市人民政府应当制定开垦耕地计划，监督占用耕地的单位按照计划开垦耕地或者按照计划组织开垦耕地，并进行验收。

第三十四条 国家实行基本农田保护制度。下列耕地应当根据土地利用总体规划划入基本农田保护区，严格管理：

（一）经国务院有关主管部门或者县级以上地方人民政府批准确定的粮、棉、油生产基地内的耕地

（二）有良好的水利与水土保持设施的耕地，正在实施改造计划以及可以改造的中、低产田

（三）蔬菜生产基地

（四）农业科研、教学试验田

（五）国务院规定应当划入基本农田保护区的其他耕地。

各省、自治区、直辖市划定的基本农田应当占本行政区域内耕地的百分之八十以上。

基本农田保护区以乡（镇）为单位进行划区定界，由县级人民政府土地行政主管部门会同同级农业行政主管部门组织实施。

第三十六条 非农业建设必须节约使用土地，可以利用荒地的，不得占用耕地；可以利用劣地的，不得占用好地。

禁止占用耕地建窑、建坟或者擅自在耕地上建房、挖砂、采石、采矿、取土等。

禁止占用基本农田发展林果业和挖塘养鱼。

第三十七条 禁止任何单位和个人闲置、荒芜耕地。已经办理审批手续的非农业建设占用耕地，一年内不用而又可以耕种并收获的，应当由原耕种该幅耕地的集体或者个人恢复耕种，也可以由用地单位组织耕种；一年以上未动工建设的，应当按照省、自治区、直辖市的规定缴纳闲置费；连续二年未使用的，经原批准机关批准，由县级以上人民政府无偿收回用地单位的土地使用权；该幅土地原为农民集体所有的，应当交由原农村集体经济组织恢复耕种。

在城市规划区范围内，以出让方式取得土地使用权进行房地产开发的闲置土地，依照《中华人民共和国城市房地产管理法》的有关规定办理。

承包经营耕地的单位或者个人连续二年弃耕抛荒的，原发包单位应当终止承包合同，收回发包的耕地。

第四十四条 建设占用土地，涉及农用地转为建设用地的，应当办理农用地转用审批手续。

省、自治区、直辖市人民政府批准的道路、管线工程和大型基础设施建设项目、国务院批准的建设项目占用土地，涉及农用地转为建设用地的，由国务院批准。

在土地利用总体规划确定的城市和村庄、集镇建设用地规模范围内，为实施该规划而将农用地转为建设用地的，按土地利用年度计划分批次由原批准土地利用总体规划的机关批准。在已批准的农用地转用范围内，具体建设项目用地可以由市、县人民政府批准。

本条第二款、第三款规定以外的建设项目占用土地，涉及农用地转为建设用地的，由省、自治区、直辖市人民政府批准。

第四十五条　征收下列土地的，由国务院批准：

（一）基本农田；

（二）基本农田以外的耕地超过 35 公顷的；

（三）其他土地超过七十公顷的。

征收前款规定以外的土地的，由省、自治区、直辖市人民政府批准，并报国务院备案。征收农用地的，应当依照本法第四十四条的规定先行办理农用地转用审批。其中，经国务院批准农用地转用的，同时办理征地审批手续。不再另行办理征地审批；经省、自治区、直辖市人民政府在征地批准权限内批准农用地转用的，同时办理征地审批手续，不再另行办理征地审批，超过征地批准权限的，应当依照本条第一款的规定另行办理征地审批。

第四十七条　征收土地的，按照被征收土地的原用途给予补偿。

征收耕地的补偿费用包括土地补偿费、安置补助费以及地上附着物和青苗的补偿费。征收耕地的土地补偿费，为该耕地被征收前三年平均年产值的六至十倍。征收耕地的安置补助费，按照需要安置的农业人口数计算。需要安置的农业人口数，按照被征收的耕地数量除以征地前被征收单位平均每人占有耕地的数量计算。每一个需要安置的农业人口的安置补助费标准，为该耕地被征收前三年平均年产值的四至六倍。但是，每公顷被征收耕地的安置补助费，最高不得超过被征收前三年平均年产值的十五倍。

征收其他土地的土地补偿费和安置补助费标准，由省、自治区、直辖市参照征收耕地的土地补偿费和安置补助费的标准规定。

被征收土地上的附着物和青苗的补偿标准，由省、自治区、直辖市规定。

征收城市郊区的菜地，用地单位应当按照国家有关规定缴纳新菜地开发建设基金。

依照本条第二款的规定支付土地补偿费和安置补助费，尚不能使需要安置的农民保持原有生活水平的，经省、自治区、直辖市人民政府批准，可以增加安置补助费。但是，土地补偿费和安置补助费的总和不得超过土地被征收前三年平均年产值的三十倍。

国务院根据社会、经济发展水平，在特殊情况下，可以提高征收耕地的土地补偿费和安置补助费的标准。

第六十二条　农村村民一户只能拥有一处宅基地，其宅基地的面积不得超过省、自治区、直辖市规定的标准。

农村村民建住宅，应当符合乡（镇）土地利用总体规划，并尽量使用原有的宅基地和村内空闲地。

农村村民住宅用地，经乡（镇）人民政府审核，由县级人民政府批准；其中，涉及占用农用地的，依照本法第四十四条的规定办理审批手续。

农村村民出卖、出租住房后，再申请宅基地的，不予批准。

第六十三条 农民集体所有的土地的使用权不得出让、转让或者出租用于非农业建设；但是，符合土地利用总体规划并依法取得建设用地的企业，因破产、兼并等情形致使土地使用权依法发生转移的除外。

确定土地所有权和使用权的若干规定

（1995 年 3 月 11 日国家土地管理局〔1995〕国土籍字第 26 号发布）

第一章 总 则

第一条 为了确定土地所有权和使用权，依法进行土地登记，根据有关的法律、法规和政策，制订本规定。

第二条 土地所有权和使用权由县级以上人民政府确定，土地管理部门具体承办。

土地权属争议，由土地管理部门提出处理意见，报人民政府下达处理决定或报人民政府批准后由土地管理部门下达处理决定。

第二章 国家土地所有权

第三条 城市市区范围内的土地属于国家所有。

第四条 依据一九五〇年《中华人民共和国土地改革法》及有关规定，凡当时没有将土地所有权分配给农民的土地属于国家所有；实施一九六二年《农村人民公社工作条例修正草案》（以下简称《六十条》未划入农民集体范围内的土地属于国家所有。

第五条 国家建设征用的土地，属于国家所有。

第六条 开发利用国有土地，开发利用者依法享有土地使用权，土地所有权仍属国家。

第七条 国有铁路线路、车站、货场用地以及依法留用的其他铁路用地属于国家所有。土改时已分配给农民所有的原铁路用地和新建铁路两侧未经征用的农民集体所有土地属于农民集体所有。

第八条 县级以上(含县级)公路线路用地属于国家所有。公路两侧保护用地和公路其他用地凡未经征用的农民集体所有的土地仍属于农民集体所有。

第九条 国有电力、通讯设施用地属于国家所有。但国有电力通讯杆塔占用农民集体所有的土地,未办理征用手续的,土地仍属于农民集体所有,对电力通讯经营单位可确定为他项权利。

第十条 军队接收的敌伪地产及解放后经人民政府批准征用、划拨的军事用地属于国家所有。

第十一条 河道堤防内的土地和堤防外的护堤地,无堤防河道历史最高洪水位或者设计洪水位以下的土地,除土改时已将所有权分配给农民,国家未征用,且迄今仍归农民集体使用的外,属于国家所有。

第十二条 县级以上(含县级)水利部门直接管理的水库、渠道等水利工程用地属于国家所有。水利工程管理和保护范围内未经征用的农民集体土地仍属于农民集体所有。

第十三条 国家建设对农民集体全部进行移民安置并调剂土地后,迁移农民集体原有土地转为国家所有。但移民后原集体仍继续使用的集体所有土地,国家未进行征用的,其所有权不变。

第十四条 因国家建设征用土地,农民集体建制被撤销或其人口全部转为非农业人口,其未经征用的土地,归国家所有。继续使用原有土地的原农民集体及其成员享有国有土地使用权。

第十五条 全民所有制单位和城镇集体所有制单位兼并农民集体企业的,办理有关手续后,被兼并的原农民集体企业使用的集体所有土地转为国家所有。乡(镇)企业依照国家建设征用土地的审批程序和补偿标准使用的非本乡(镇)村农民集体所有的土地,转为国家所有。

第十六条 一九六二年九月《六十条》公布以前,全民所有制单位,城市集体所有制单位和集体所有制的华侨农场使用的原农民集体所有的土地(含合作化之前的个人土地),迄今没有退给农民集体的,属于国家所有。

《六十条》公布时起至一九八二年五月《国家建设征用土地条例》公布时止,全民所有制单位、城市集体所有制单位使用的原农民集体所有的土地,有下列情形之一的,属于国家所有:

1. 签订过土地转移等有关协议的;

2. 经县级以上人民政府批准使用的;

3. 进行过一定补偿或安置劳动力的；

4. 接受农民集体馈赠的；

5. 已购买原集体所有的建筑物的；

6. 农民集体所有制企事业单位转为全民所有制或者城市集体所有制单位的。

一九八二年五月《国家建设征用土地条例》公布时起至一九八七年《土地管理法》开始施行止，全民所有制单位、城市集体所有制单位违反规定使用的农民集体土地，依照有关规定进行了清查处理后仍由全民所有制单位、城市集体所有制单位使用的，确定为国家所有。

凡属上述情况以外未办理征地手续使用的农民集体土地，由县级以上地方人民政府根据具体情况，按当时规定补办征地手续，或退还农民集体。一九八七年《土地管理法》施行后违法占用的农民集体土地，必须依法处理后，再确定土地所有权。

第十七条　一九八六年三月中共中央、国务院《关于加强土地管理、制止乱占耕地的通知》发布之前，全民所有制单位、城市集体所有制租用农民集体所有的土地，按照有关规定处理后，能够恢复耕种的，退还农民集体耕种，所有权仍属于农民集体；已建成永久性建筑物的，由用地单位按租用时的规定，补办手续，土地归国家所有。凡已经按照有关规定处理了的，可按处理决定确定所有权和使用权。

第十八条　土地所有权有争议，不能依法证明争议土地属于农民集体所有的，属于国家所有。

第三章　集体土地所有权

第十九条　土地改革时分给农民并颁发了土地所有证的土地，属于农民集体所有；实施《六十条》时确定为集体所有的土地，属农民集体所有。依照第二章规定属于国家所有的除外。

第二十条　村农民集体所有的土地，按目前该村农民集体实际使用的本集体土地所有权界线确定所有权。

根据《六十条》确定的农民集体土地所有权，由于下列原因发生变更的，按变更后的现状确定集体土地所有权。

（一）由于村、队、社、场合并或分割等管理体制的变化引起土地所有权变更的；

（二）由于土地开发、国家征地、集体兴办企事业或者自然灾害等原因进行过土地调整的；

（三）由于农田基本建设和行政区划变动等原因重新划定土地所有权界线的。行政区划变动未涉及土地权属变更的，原土地权属不变。

第二十一条 农民集体连续使用其他农民集体所有的土地已满二十年的，应视为现使用者所有；连续使用不满二十年，或者虽满二十年但在二十年期满之前所有者曾向现使用者或有关部门提出归还的，由县级以上人民政府根据具体情况确定土地所有权。

第二十二条 乡（镇）或村在集体所有的土地上修建并管理的道路、水利设施用地，分别属于乡（镇）或农村农民集体所有。

第二十三条 乡（镇）或村办企事业单位使用的集体土地，《六十条》公布以前使用的，分别属于该乡（镇）或村农民集体所有；《六十条》公布时起至一九八二年国务院《村镇建房用地管理条例》发布时止使用的，有下情况之一的，分别属于该乡（镇）或村农民集体所有：

1. 签订过用地协议的（不含租借）；

2. 经县、乡（公社）、村（大队）批准或同意，并进行了适当的土地调整或者经过一定补偿的；

3. 通过购买房屋取得的；

4. 原集体企事业单位体制经批准变更的。

一九八二年国务院《村镇建房用地管理条例》发布时起至一九八七年《土地管理法》开始施行时止，乡（镇）、村办企事业单位违反规定使用的集体土地按照有关规定清查处理后，乡（镇）、村集体单位继续使用的，可确定为该乡（镇）或村集体所有。

乡（镇）、村办企事业单位采用上述以外的方式占用的集体土地，或虽采用上述方式，但目前土地利用不合理的，如荒废闲置等，应将其全部或部分土地退还原村或乡农民集体，或按有关规定进行处理。一九八七年《土地管理法》施行后违法占用的土地，须依法处理后再确定所有权。

第二十四条 乡（镇）企业使用本乡（镇）、村集体所有的土地，依照有关规定进行补偿和安置的，土地所有权转为乡（镇）农民集体所有。经依法批准的乡（镇）、村公共设施、公益事业使用的农民集体土地，分别属于乡（镇）、村农民集体所有。

第二十五条 农民集体经依法批准以土地使用权作为联营条件与其他单

位或个人举办联营企业的，或者农民集体经依法批准以集体所有的土地的使用权作价入股，举办外商投资企业和内联乡镇企业的，集体土地所有权不变。

第四章　国有土地使用权

第二十六条　土地使用权确定给直接使用土地的具有法人资格的单位或个人。但法律、法规、政策和本规定另有规定的除外。

第二十七条　土地使用者经国家依法划拨、出让或解放初期接收、沿用，或通过依法转让、继承、接受地上建筑物等方式使用国有土地的，可确定其国有土地使用权。

第二十八条　土地公有制之前，通过购买房屋或土地及租赁土地方式使用私有的土地，土地转为国有后迄今仍继续使用的，可确定现使用者国有土地使用权。

第二十九条　因原房屋拆除、改建或自然坍塌等原因，已经变更了实际土地使用者的，经依法审核批准，可将土地使用权确定给实际土地使用者；空地及房屋坍塌或拆除后两年以上仍未恢复使用的土地，由当地县级以上人民政府收回土地使用权。

第三十条　原宗教团体、寺观教堂宗教活动用地，被其他单位占用，原使用单位因恢复宗教活动需要退还使用的，应按有关规定予以退还。确属无法退还或土地使用权有争议的，经协商、处理后确定土地使用权。

第三十一条　军事设施用地（含靶场、试验场、训练场）依照解放初土地接收文件和人民政府批准征用或划拨土地的文件确定土地使用权。土地使用权有争议的，按照国务院、中央军委有关文件规定处理后，再确定土地使用权。

国家确定的保留或地方代管的军事设施用地的土地使用权确定给军队，现由其他单位使用的，可依照有关规定确定为他项权利。

经国家批准撤销的军事设施，其土地使用权依照有关规定由当地县级以上人民政府收回并重新确定使用权。

第三十二条　依法接收、征用、划拨的铁路线路用地及其他铁路设施用地，现仍由铁路单位使用的，其使用权确定给铁路单位。铁路线路路基两侧依法取得使用权的保护用地，使用权确定给铁路单位。

第三十三条　国家水利、公路设施用地依照征用、划拨文件和有关法律、法规划定用地界线。

第三十四条　驻机关、企事业单位内的行政管理和服务性单位，经政府批准使用的土地，可以由土地管理部门商被驻单位规定土地的用途和其他限制条件后分别确定实际土地使用者的土地使用权。但租用房屋的除外。

第三十五条 原由铁路、公路、水利、电力、军队及其他单位和个人使用的土地，一九八二年五月《国家建设征用土地条例》公布之前，已经转由其他单位或个人使用的，除按照国家法律和政策应当退还的外，其国有土地使用权可确定给实际土地使用者，但严重影响上述部门的设施安全和正常使用的，暂不确定土地使用权，按照有关规定处理后，再确定土地使用权。一九八二年五月以后非法转让的，经依法处理后再确定使用权。

第三十六条 农民集体使用的国有土地，其使用权按县级以上人民政府主管部门审批、划拨文件确定；没有审批、划拨文件的，依照当时规定补办手续后，按使用现状确定；过去未明确划定使用界线的，由县级以上人民政府参照土地实际使用情况确定。

第三十七条 未按规定用途使用的国有土地，由县级以上人民政府收回重新安排使用，或者按有关规定处理后确定使用权。

第三十八条 一九八七年一月《土地管理法》施行之前重复划拨或重复征用的土地，可按目前实际使用情况或者根据最后一次划拨或征用文件确定使用权。

第三十九条 以土地使用权为条件与其他单位或个人合建房屋的，根据批准文件、合建协议或者投资数额确定土地使用权，但一九八二年《国家建设征用土地条例》公布后合建的，应依法办理土地转让手续后再确定土地使用权。

第四十条 以出让方式取得的土地使用权或以划拨方式取得的土地使用权补办出让手续后作为资产入股的，土地使用权确定给股份制企业。

国家以土地使用权作价入股的，土地使用权确定给股份制企业。

国家将土地使用权租赁给股份制企业的，土地使用权确定给股份制企业。企业以出让方式取得的土地使用权或以划拨方式取得的土地使用权补办出让手续后，出租给股份制企业的，土地使用权不变。

第四十一条 企业以出让方式取得的土地使用权，企业破产后，经依法处置，确定给新的受让人；企业通过划拨方式取得的土地使用权，企业破产时，其土地使用权由县级以上人民政府收回后，根据有关规定进行处置。

第四十二条 法人之间合并，依法属于应当以有偿方式取得土地使用权的，原土地使用权应当办理有关手续，有偿取得土地使用权；依法可以以划拨形式取得土地使用权的，可以办理划拨土地权属变更登记，取得土地使用权。

第五章 集体土地建设用地使用权

第四十三条 乡(镇)村办企业事业单位和个人依法使用农民集体土地进行非农业建设的,可依法确定使用者集体土地建设用地使用权。对多占少用、占而不用的,其闲置部分不予确定使用权,并退还农民集体,另行安排使用。

第四十四条 依照本规定第二十五条规定的农民集体土地,集体土地建设用地使用权确定给联营或股份企业。

第四十五条 一九八二年二月国务院发布《村镇建房用地管理条例》之前农村居民建房占用的宅基地,超过当地政府规定的面积,在《村镇建房用地管理条例》施行后未经拆迁、改建、翻建的,可以暂按现有实际使用面积确定集体土地建设用地使用权。

第四十六条 一九八二年二月《村镇建房用地管理条例》发布时起至一九八七年一月《土地管理法》开始施行时止,农村居民建房占用的宅基地,其面积超过当地政府规定标准的,超过部分按一九八六年三月中共中央、国务院《关于加强土地管理、制止乱占耕地的通知》及地方人民政府的有关规定处理后,按处理后实际使用面积确定集体土地建设用地使用权。

第四十七条 符合当地政府分户建房规定而尚未分户的农村居民,其现有的宅基地没有超过分户建房用地合计面积标准的,可按现有宅基地面积确定集体土地建设用地使用权。

第四十八条 非农业户口居民(含华侨)原在农村的宅基础,房屋产权没有变化的,可依法确定其集体土地建设用地使用权。房屋拆除后没有批准重建的,土地使用权由集体收回。

第四十九条 接受转让、购买房屋取得的宅基地,与原有宅基地合计面积超过当地政府规定标准,按照有关规定处理后允许继续使用的,可暂确定其集体土地建设用地使用权。继承房屋取得的宅基地,可确定集体土地建设用地使用权。

第五十条 农村专业户宅基地以外的非农业建设用地与宅基地分别确定集体土地建设用地使用权。

第五十一条 按照本规定第四十五条至第四十九条的规定确定农村居民宅基地集体土地建设用地使用权时,其面积超过当地政府规定标准的,可在土地登记卡和土地证书内注明超过标准面积的数量。以后分户建房或现有房屋拆迁、改建、翻建或政府依法实施规划重新建设时,按当地政府规定的面积标准重新确定使用权，其超过部分退还集体。

第五十二条　空闲或房屋坍塌、拆除两年以上未恢复使用的宅基地，不确定土地使用权。已经确定使用权的，由集体报经县级人民政府批准，注销其土地登记，土地由集体收回。

第六章　附　　则

第五十三条　一宗地由两个以上单位或个人共同使用的，可确定为共有土地使用权。共有土地使用权面积可以在共有使用人之间分摊。

第五十四条　地面与空中、地面与地下立体交叉使用土地的（楼房除外），土地使用权确定给地面使用者，空中和地下可确定为他项权利。

平面交叉使用土地的，可以确定为共有土地使用权；也可以将土地使用权确定给主要用途或优先使用单位，次要和服从使用单位可确定为他项权利。

上述两款中的交叉用地，如属合法批准征用、划拨的，可按批准文件确定使用权，其他用地单位确定为他项权利。

第五十五条　依法划定的铁路、公路、河道、水利工程、军事设施、危险品生产和储存地、风景区等区域的管理和保护范围内的土地，其土地的所有权和使用权依照土地管理有关法规确定。但对上述范围内的土地的用途，可以根据有关的规定增加适当的限制条件。

第五十六条　土地所有权或使用权证明文件上的四至界线与实地一致，但实地面积与批准面积不一致的，按实地四至界线计算土地面积，确定土地的所有权或使用权。

第五十七条　他项权利依照法律或当事人约定设定。他项权利可以与土地所有权或使用权同时确定，也可以土地所有权或使用权确定之后增设。

第五十八条　各级人民政府或人民法院已依法处理的土地权属争议，按处理决定确定土地所有权或使用权。

第五十九条　本规定由国家土地管理局负责解释。

第六十条　本规定自一九九五年五月一日起施行。一九八九年七月五日国家土地管理局印发的《关于确定土地权属问题的若干意见》同时停止执行。

国土资源部、中央农村工作领导小组办公室、财政部、农业部关于农村集体土地确权登记发证的若干意见

各省、自治区、直辖市及副省级城市国土资源主管部门、农办（农工部、农委、农工委、农牧办）、财政厅（局）、农业（农牧、农村经济）厅（局、委、办），新疆生产建设兵团国土资源局、财务局、农业局，解放军土地管理局：

为切实落实《中共中央 国务院关于加大统筹城乡发展力度进一步夯实农业农村发展基础的若干意见》（中发〔2010〕1号），国土资源部、财政部、农业部联合下发了《关于加快推进农村集体土地确权登记发证工作的通知》（国土资发〔2011〕60号），进一步规范和加快推进农村集体土地确权登记发证工作，现提出以下意见：

一、明确农村集体土地确权登记发证的范围

农村集体土地确权登记发证是对农村集体土地所有权和集体土地使用权等土地权利的确权登记发证。农村集体土地使用权包括宅基地使用权、集体建设用地使用权等。农村集体土地所有权确权登记发证要覆盖到全部农村范围内的集体土地，包括属于农民集体所有的建设用地、农用地和未利用地，不得遗漏。

二、依法依规开展农村集体土地确权登记发证工作

按照《中华人民共和国物权法》、《中华人民共和国土地管理法》、《土地登记办法》、《土地权属争议调查处理办法》、《确定土地所有权和使用权的若干规定》等有关法律政策文件以及地方性法规、规章的规定，本着尊重历史、注重现实、有利生产生活、促进社会和谐稳定的原则，在全国土地调查成果以及年度土地利用变更调查成果基础上，依法有序开展确权登记发证工作。

农村集体土地确权登记依据的文件资料包括：人民政府或者有关行政主管部门的批准文件、处理决定；县级以上人民政府国土资源行政主管部门的调解书；人民法院生效的判决、裁定或者调解书；当事人之间依法达成的协议；履行指界程序形成的地籍调查表、土地权属界线协议书等地籍调查成果；法律、法规等规定的其他文件等。

三、加快农村地籍调查工作

各地应以“权属合法、界址清楚、面积准确”为原则，依据《土地利用现状分类》（GB/T 21010－2007）、《集体土地所有权调查技术规定》、《城镇地籍调查规

程》等相关技术规定和标准，充分利用全国土地调查等已有成果，以大比例尺地籍调查成果为基础，查清农村每一宗土地的权属、界址、面积和用途（地类）等，按照统一的宗地编码模式，形成完善的地籍调查成果，为农村集体土地确权登记发证提供依据。同时，要注意做好变更地籍调查及变更登记，保持地籍成果的现势性。

凡有条件的地区，农村集体土地所有权宗地地籍调查应采用解析法实测界址点坐标并计算宗地面积；条件不具备的地区，可以全国土地调查成果为基础，核实并确定权属界线，对界址走向进行详细描述，采用图上量算或数据库计算的方法计算宗地面积。农村集体土地所有权宗地图和地籍图比例尺不小于1∶10000。牧区等特殊地区在报经省级国土资源主管部门同意后，地籍图比例尺可以放宽至1∶50000。

宅基地使用权、集体建设用地使用权宗地地籍调查，应采用解析法实测界址点坐标和计算宗地面积，宗地图和地籍图比例尺不小于1∶2000。使用勘丈法等其他方法已发证的宅基地、集体建设用地，在变更登记时，应采用解析法重新测量并计算宗地面积。

四、把农村集体土地所有权确认到每个具有所有权的农民集体

确定农村集体土地所有权主体遵循“主体平等”和“村民自治”的原则，按照乡（镇）、村和村民小组农民集体三类所有权主体，将农村集体土地所有权确认到每个具有所有权的农民集体。凡是村民小组（原生产队）土地权属界线存在的，土地应确认给村民小组农民集体所有，发证到村民小组农民集体；对于村民小组（原生产队）土地权属界线不存在、并得到绝大多数村民认可的，应本着尊重历史、承认现实的原则，对这部分土地承认现状，明确由村农民集体所有；属于乡（镇）农民集体所有的，土地所有权应依法确认给乡（镇）农民集体。

属于村民小组集体所有的土地应当由其集体经济组织或村民小组依法申请登记并持有土地权利证书。对于村民小组组织机构不健全的，可以由村民委员会代为申请登记、保管土地权利证书。

涉及依法“合村并组”的，“合村并组”后土地所有权主体保持不变的，所有权仍然确权给原农民集体；“合村并组”后土地所有权主体发生变化、并得到绝大多数村民认可的，履行集体土地所有权变更的法定程序后，按照变化后的主体确定集体土地所有权，并在土地登记簿和土地证书上备注各原农民集体的土地面积。

涉及依法开展城乡建设用地增减挂钩试点和农村土地整治的，原则上应维

持原有土地权属不变；依法调整土地的，按照调整协议确定集体土地权利归属，并依法及时办理土地变更登记手续。

对于“撤村建居”后，未征收的原集体土地，只调查统计，不登记发证。调查统计时在新建单位名称后载明原农民集体名称。

在土地登记簿的“权利人”和土地证书的“土地所有权人”一栏，集体土地所有权主体按“××组（村、乡）农民集体”填写。

五、依法明确农村集体土地所有权主体代表

属于村农民集体所有的，由村集体经济组织或者村民委员会受本农民集体成员的委托行使所有权；分别属于村内两个以上农民集体所有的，由村内各该集体经济组织或者村民小组代表集体行使所有权；属于乡镇农民集体所有的，由乡镇集体经济组织代表集体行使所有权；没有乡（镇）农民集体经济组织的，乡（镇）集体土地所有权由乡（镇）政府代管。在办理土地确权登记手续时，由农民集体所有权主体代表申请办理。

集体经济组织的具体要求和形式，可以由各省（区、市）根据本地有关规定和实际情况依法确定。

六、严格规范确认宅基地使用权主体

宅基地使用权应该按照当地省级人民政府规定的面积标准，依法确认给本农民集体成员。非本农民集体的农民，因地质灾害防治、新农村建设、移民安置等集中迁建，在符合当地规划的前提下，经本农民集体大多数成员同意并经有权机关批准异地建房的，可按规定确权登记发证。已拥有一处宅基地的本农民集体成员、非本农民集体成员的农村或城镇居民，因继承房屋占用农村宅基地的，可按规定登记发证，在《集体土地使用证》记事栏应注记“该权利人为本农民集体原成员住宅的合法继承人”。非农业户口居民（含华侨）原在农村合法取得的宅基地及房屋，房屋产权没有变化的，经该农民集体出具证明并公告无异议的，可依法办理土地登记，在《集体土地使用证》记事栏应注记“该权利人为非本农民集体成员”。

对于没有权属来源证明的宅基地，应当查明土地历史使用情况和现状，由村委会出具证明并公告30天无异议，经乡（镇）人民政府审核，报县级人民政府审定，属于合法使用的，确定宅基地使用权。

七、按照不同的历史阶段对超面积的宅基地进行确权登记发证

1982年《村镇建房用地管理条例》实施前，农村村民建房占用的宅基地，在《村镇建房用地管理条例》实施后至今未扩大用地面积的，可以按现有实际使用

面积进行确权登记;1982 年《村镇建房用地管理条例》实施起至 1987 年《土地管理法》实施时止,农村村民建房占用的宅基地,超过当地规定的面积标准的,超过部分按当时国家和地方有关规定处理后,可以按实际使用面积进行确权登记;1987 年《土地管理法》实施后,农村村民建房占用的宅基地,超过当地规定的面积标准的,按照实际批准面积进行确权登记。其面积超过各地规定标准的,可在土地登记簿和土地权利证书记事栏内注明超过标准的面积,待以后分户建房或现有房屋拆迁、改建、翻建、政府依法实施规划重新建设时,按有关规定作出处理,并按照各地规定的面积标准重新进行确权登记。

八、认真做好集体建设用地的确权登记发证工作

村委会办公室、医疗教育卫生等公益事业和公共设施用地、乡镇企业用地及其他经依法批准用于非住宅建设的集体土地,应当依法进行确权登记发证,确认集体建设用地使用权。将集体土地使用权依法确认到每个权利主体。凡依法使用集体建设用地的单位或个人应申请确权登记。

对于没有权属来源证明的集体建设用地,应查明土地历史使用情况和现状,认定合法使用的,由村委会出具证明并公告 30 天无异议的,经乡(镇)人民政府审核,报县级人民政府审批,确权登记发证。

九、妥善处理农村违法宅基地和集体建设用地问题

违法宅基地和集体建设用地必须依法依规处理后方可登记。对于违法宅基地和集体建设用地,应当查明土地历史使用情况和现状,对符合土地利用总体规划与村镇规划以及有关用地政策的,依法补办用地批准手续后,进行登记发证。

十、严格规范农村集体土地确权登记发证行为

结合全国土地登记规范化检查工作,全面加强土地登记规范化建设。严格禁止搞虚假土地登记,严格禁止对违法用地未经依法处理就登记发证。对于借户籍管理制度改革或者擅自通过"村改居"等方式非经法定征收程序将农民集体所有土地转为国有土地、农村集体经济组织非法出让或出租集体土地用于非农业建设、城镇居民在农村购置宅基地、农民住宅或"小产权房"等违法用地,不得登记发证。对于不依法依规进行土地确权登记发证或登记不规范造成严重后果的,严肃追究有关人员责任。

十一、加强土地权属争议调处

各地要从机构建设、队伍建设、经费保障、规范程序等各方面,切实采取有力措施,建立健全土地权属争议调处机制,妥善处理农村集体土地权属争议。

十二、规范完善已有土地登记资料

严格按照有关法律、法规和政策规定，全面核查整理和完善已有土地登记资料。凡是已经登记发证的宗地缺失资料以及不规范的，尽快补正完善；对于发现登记错误的，及时予以更正。各地要做好农村集体土地登记资料的收集整理工作，保证登记资料的全面、完整和规范。各地要进一步建立健全有关制度和标准，统一规范管理土地登记资料。

十三、推进农村集体土地登记信息化

要参照《城镇地籍数据库标准》(TD/T 1015-2007)等技术标准，积极推进农村集体土地登记数据库建设，进一步完善地籍信息系统。在此基础上，稳步推进全国土地登记信息动态监管查询系统建设，提升土地监管能力和社会化服务水平，为参与宏观调控提供支撑，有效发挥土地登记成果资料服务经济社会发展的积极作用。

各省(区、市)可根据当地实际情况，细化制定农村集体土地确权登记的具体工作程序和政策。

中华人民共和国农村土地承包法

(2002 年 8 月 29 日第九届全国人民代表大会常务委员会第二十九次会议通过　2002 年 8 月 29 日中华人民共和国主席令第七十三号公布　根据 2009 年 8 月 27 日第十一届全国人民代表大会常务委员会第十次会议《关于修改部分法律的决定》修正　根据 2018 年 12 月 29 日第十三届全国人民代表大会常务委员会第七次会议《关于修改〈中华人民共和国农村土地承包法〉的决定》第二次修正)

第一章　总　　则

第一条　为了巩固和完善以家庭承包经营为基础、统分结合的双层经营体制，保持农村土地承包关系稳定并长久不变，维护农村土地承包经营当事人的合法权益，促进农业、农村经济发展和农村社会和谐稳定，根据宪法，制定本法。

第二条　本法所称农村土地，是指农民集体所有和国家所有依法由农民集体使用的耕地、林地、草地，以及其他依法用于农业的土地。

第三条　国家实行农村土地承包经营制度。

农村土地承包采取农村集体经济组织内部的家庭承包方式，不宜采取家庭承包方式的荒山、荒沟、荒丘、荒滩等农村土地，可以采取招标、拍卖、公开协商等方式承包。

第四条 农村土地承包后，土地的所有权性质不变。承包地不得买卖。

第五条 农村集体经济组织成员有权依法承包由本集体经济组织发包的农村土地。

任何组织和个人不得剥夺和非法限制农村集体经济组织成员承包土地的权利。

第六条 农村土地承包，妇女与男子享有平等的权利。承包中应当保护妇女的合法权益，任何组织和个人不得剥夺、侵害妇女应当享有的土地承包经营权。

第七条 农村土地承包应当坚持公开、公平、公正的原则，正确处理国家、集体、个人三者的利益关系。

第八条 国家保护集体土地所有者的合法权益，保护承包方的土地承包经营权，任何组织和个人不得侵犯。

第九条 承包方承包土地后，享有土地承包经营权，可以自己经营，也可以保留土地承包权，流转其承包地的土地经营权，由他人经营。

第十条 国家保护承包方依法、自愿、有偿流转土地经营权，保护土地经营权人的合法权益，任何组织和个人不得侵犯。

第十一条 农村土地承包经营应当遵守法律、法规，保护土地资源的合理开发和可持续利用。未经依法批准不得将承包地用于非农建设。

国家鼓励增加对土地的投入，培肥地力，提高农业生产能力。

第十二条 国务院农业农村、林业和草原主管部门分别依照国务院规定的职责负责全国农村土地承包经营及承包经营合同管理的指导。

县级以上地方人民政府农业农村、林业和草原等主管部门分别依照各自职责，负责本行政区域内农村土地承包经营及承包经营合同管理。

乡（镇）人民政府负责本行政区域内农村土地承包经营及承包经营合同管理。

第二章 家庭承包

第一节 发包方和承包方的权利和义务

第十三条 农民集体所有的土地依法属于村农民集体所有的，由村集体经济组织或者村民委员会发包；已经分别属于村内两个以上农村集体经济组织的农民集体所有的，由村内各该农村集体经济组织或者村民小组发包。村集体经济组织或者村民委员会发包的，不得改变村内各集体经济组织农民集体所有的土地的所有权。

国家所有依法由农民集体使用的农村土地，由使用该土地的农村集体经济组织、村民委员会或者村民小组发包。

第十四条　发包方享有下列权利：

（一）发包本集体所有的或者国家所有依法由本集体使用的农村土地；

（二）监督承包方依照承包合同约定的用途合理利用和保护土地；

（三）制止承包方损害承包地和农业资源的行为；

（四）法律、行政法规规定的其他权利。

第十五条　发包方承担下列义务：

（一）维护承包方的土地承包经营权，不得非法变更、解除承包合同；

（二）尊重承包方的生产经营自主权，不得干涉承包方依法进行正常的生产经营活动；

（三）依照承包合同约定为承包方提供生产、技术、信息等服务；

（四）执行县、乡（镇）土地利用总体规划，组织本集体经济组织内的农业基础设施建设；

（五）法律、行政法规规定的其他义务。

第十六条　家庭承包的承包方是本集体经济组织的农户。

农户内家庭成员依法平等享有承包土地的各项权益。

第十七条　承包方享有下列权利：

（一）依法享有承包地使用、收益的权利，有权自主组织生产经营和处置产品；

（二）依法互换、转让土地承包经营权；

（三）依法流转土地经营权；

（四）承包地被依法征收、征用、占用的，有权依法获得相应的补偿；

（五）法律、行政法规规定的其他权利。

第十八条　承包方承担下列义务：

（一）维持土地的农业用途，未经依法批准不得用于非农建设；

（二）依法保护和合理利用土地，不得给土地造成永久性损害；

（三）法律、行政法规规定的其他义务。

第二节　承包的原则和程序

第十九条 土地承包应当遵循以下原则：

（一）按照规定统一组织承包时，本集体经济组织成员依法平等地行使承包土地的权利，也可以自愿放弃承包土地的权利；

（二）民主协商，公平合理；

（三）承包方案应当按照本法第十三条的规定，依法经本集体经济组织成员的村民会议三分之二以上成员或者三分之二以上村民代表的同意；

（四）承包程序合法。

第二十条 土地承包应当按照以下程序进行：

（一）本集体经济组织成员的村民会议选举产生承包工作小组；

（二）承包工作小组依照法律、法规的规定拟订并公布承包方案；

（三）依法召开本集体经济组织成员的村民会议，讨论通过承包方案；

（四）公开组织实施承包方案；

（五）签订承包合同。

第三节 承包期限和承包合同

第二十一条 耕地的承包期为三十年。草地的承包期为三十年至五十年。林地的承包期为三十年至七十年。

前款规定的耕地承包期届满后再延长三十年，草地、林地承包期届满后依照前款规定相应延长。

第二十二条 发包方应当与承包方签订书面承包合同。

承包合同一般包括以下条款：

（一）发包方、承包方的名称，发包方负责人和承包方代表的姓名、住所；

（二）承包土地的名称、坐落、面积、质量等级；

（三）承包期限和起止日期；

（四）承包土地的用途；

（五）发包方和承包方的权利和义务；

（六）违约责任。

第二十三条 承包合同自成立之日起生效。承包方自承包合同生效时取得土地承包经营权。

第二十四条 国家对耕地、林地和草地等实行统一登记，登记机构应当向承包方颁发土地承包经营权证或者林权证等证书，并登记造册，确认土地承包经营权。

土地承包经营权证或者林权证等证书应当将具有土地承包经营权的全部

家庭成员列入。

登记机构除按规定收取证书工本费外，不得收取其他费用。

第二十五条　承包合同生效后，发包方不得因承办人或者负责人的变动而变更或者解除，也不得因集体经济组织的分立或者合并而变更或者解除。

第二十六条　国家机关及其工作人员不得利用职权干涉农村土地承包或者变更、解除承包合同。

第四节　土地承包经营权的保护和互换、转让

第二十七条　承包期内，发包方不得收回承包地。

国家保护进城农户的土地承包经营权。不得以退出土地承包经营权作为农户进城落户的条件。

承包期内，承包农户进城落户的，引导支持其按照自愿有偿原则依法在本集体经济组织内转让土地承包经营权或者将承包地交回发包方，也可以鼓励其流转土地经营权。

承包期内，承包方交回承包地或者发包方依法收回承包地时，承包方对其在承包地上投入而提高土地生产能力的，有权获得相应的补偿。

第二十八条　承包期内，发包方不得调整承包地。

承包期内，因自然灾害严重毁损承包地等特殊情形对个别农户之间承包的耕地和草地需要适当调整的，必须经本集体经济组织成员的村民会议三分之二以上成员或者三分之二以上村民代表的同意，并报乡（镇）人民政府和县级人民政府农业农村、林业和草原等主管部门批准。承包合同中约定不得调整的，按照其约定。

第二十九条　下列土地应当用于调整承包土地或者承包给新增人口：

（一）集体经济组织依法预留的机动地；

（二）通过依法开垦等方式增加的；

（三）发包方依法收回和承包方依法、自愿交回的。

第三十条　承包期内，承包方可以自愿将承包地交回发包方。承包方自愿交回承包地的，可以获得合理补偿，但是应当提前半年以书面形式通知发包方。承包方在承包期内交回承包地的，在承包期内不得再要求承包土地。

第三十一条　承包期内，妇女结婚，在新居住地未取得承包地的，发包方不得收回其原承包地；妇女离婚或者丧偶，仍在原居住地生活或者不在原居住地生活但在新居住地未取得承包地的，发包方不得收回其原承包地。

第三十二条　承包人应得的承包收益，依照继承法的规定继承。

林地承包的承包人死亡，其继承人可以在承包期内继续承包。

第三十三条 承包方之间为方便耕种或者各自需要，可以对属于同一集体经济组织的土地的土地承包经营权进行互换，并向发包方备案。

第三十四条 经发包方同意，承包方可以将全部或者部分的土地承包经营权转让给本集体经济组织的其他农户，由该农户同发包方确立新的承包关系，原承包方与发包方在该土地上的承包关系即行终止。

第三十五条 土地承包经营权互换、转让的，当事人可以向登记机构申请登记。未经登记，不得对抗善意第三人。

第五节 土地经营权

第三十六条 承包方可以自主决定依法采取出租（转包）、入股或者其他方式向他人流转土地经营权，并向发包方备案。

第三十七条 土地经营权人有权在合同约定的期限内占有农村土地，自主开展农业生产经营并取得收益。

第三十八条 土地经营权流转应当遵循以下原则：

（一）依法、自愿、有偿，任何组织和个人不得强迫或者阻碍土地经营权流转；

（二）不得改变土地所有权的性质和土地的农业用途，不得破坏农业综合生产能力和农业生态环境；

（三）流转期限不得超过承包期的剩余期限；

（四）受让方须有农业经营能力或者资质；

（五）在同等条件下，本集体经济组织成员享有优先权。

第三十九条 土地经营权流转的价款，应当由当事人双方协商确定。流转的收益归承包方所有，任何组织和个人不得擅自截留、扣缴。

第四十条 土地经营权流转，当事人双方应当签订书面流转合同。

土地经营权流转合同一般包括以下条款：

（一）双方当事人的姓名、住所；

（二）流转土地的名称、坐落、面积、质量等级；

（三）流转期限和起止日期；

（四）流转土地的用途；

（五）双方当事人的权利和义务；

（六）流转价款及支付方式；

（七）土地被依法征收、征用、占用时有关补偿费的归属；

（八）违约责任。

承包方将土地交由他人代耕不超过一年的，可以不签订书面合同。

第四十一条 土地经营权流转期限为五年以上的，当事人可以向登记机构申请土地经营权登记。未经登记，不得对抗善意第三人。

第四十二条 承包方不得单方解除土地经营权流转合同，但受让方有下列情形之一的除外：

（一）擅自改变土地的农业用途；

（二）弃耕抛荒连续两年以上；

（三）给土地造成严重损害或者严重破坏土地生态环境；

（四）其他严重违约行为。

第四十三条 经承包方同意，受让方可以依法投资改良土壤，建设农业生产附属、配套设施，并按照合同约定对其投资部分获得合理补偿。

第四十四条 承包方流转土地经营权的，其与发包方的承包关系不变。

第四十五条 县级以上地方人民政府应当建立工商企业等社会资本通过流转取得土地经营权的资格审查、项目审核和风险防范制度。

工商企业等社会资本通过流转取得土地经营权的，本集体经济组织可以收取适量管理费用。

具体办法由国务院农业农村、林业和草原主管部门规定。

第四十六条 经承包方书面同意，并向本集体经济组织备案，受让方可以再流转土地经营权。

第四十七条 承包方可以用承包地的土地经营权向金融机构融资担保，并向发包方备案。受让方通过流转取得的土地经营权，经承包方书面同意并向发包方备案，可以向金融机构融资担保。

担保物权自融资担保合同生效时设立。当事人可以向登记机构申请登记；未经登记，不得对抗善意第三人。

实现担保物权时，担保物权人有权就土地经营权优先受偿。

土地经营权融资担保办法由国务院有关部门规定。

第三章 其他方式的承包

第四十八条 不宜采取家庭承包方式的荒山、荒沟、荒丘、荒滩等农村土地，通过招标、拍卖、公开协商等方式承包的，适用本章规定。

第四十九条 以其他方式承包农村土地的，应当签订承包合同，承包方取得土地经营权。当事人的权利和义务、承包期限等，由双方协商确定。以招标、拍卖方式承包的，承包费通过公开竞标、竞价确定；以公开协商等方式承包的，承包费由双方议定。

第五十条 荒山、荒沟、荒丘、荒滩等可以直接通过招标、拍卖、公开协商等方式实行承包经营，也可以将土地经营权折股分给本集体经济组织成员后，再实行承包经营或者股份合作经营。

承包荒山、荒沟、荒丘、荒滩的，应当遵守有关法律、行政法规的规定，防止水土流失，保护生态环境。

第五十一条 以其他方式承包农村土地，在同等条件下，本集体经济组织成员有权优先承包。

第五十二条 发包方将农村土地发包给本集体经济组织以外的单位或者个人承包，应当事先经本集体经济组织成员的村民会议三分之二以上成员或者三分之二以上村民代表的同意，并报乡（镇）人民政府批准。

由本集体经济组织以外的单位或者个人承包的，应当对承包方的资信情况和经营能力进行审查后，再签订承包合同。

第五十三条 通过招标、拍卖、公开协商等方式承包农村土地，经依法登记取得权属证书的，可以依法采取出租、入股、抵押或者其他方式流转土地经营权。

第五十四条 依照本章规定通过招标、拍卖、公开协商等方式取得土地经营权的，该承包人死亡，其应得的承包收益，依照继承法的规定继承；在承包期内，其继承人可以继续承包。

第四章 争议的解决和法律责任

第五十五条 因土地承包经营发生纠纷的，双方当事人可以通过协商解决，也可以请求村民委员会、乡（镇）人民政府等调解解决。

当事人不愿协商、调解或者协商、调解不成的，可以向农村土地承包仲裁机构申请仲裁，也可以直接向人民法院起诉。

第五十六条 任何组织和个人侵害土地承包经营权、土地经营权的，应当承担民事责任。

第五十七条 发包方有下列行为之一的，应当承担停止侵害、排除妨碍、消除危险、返还财产、恢复原状、赔偿损失等民事责任：

（一）干涉承包方依法享有的生产经营自主权；

（二）违反本法规定收回、调整承包地；

（三）强迫或者阻碍承包方进行土地承包经营权的互换、转让或者土地经营权流转；

（四）假借少数服从多数强迫承包方放弃或者变更土地承包经营权；

（五）以划分“口粮田”和“责任田”等为由收回承包地搞招标承包；

（六）将承包地收回抵顶欠款；

（七）剥夺、侵害妇女依法享有的土地承包经营权；

（八）其他侵害土地承包经营权的行为。

第五十八条　承包合同中违背承包方意愿或者违反法律、行政法规有关不得收回、调整承包地等强制性规定的约定无效。

第五十九条　当事人一方不履行合同义务或者履行义务不符合约定的，应当依法承担违约责任。

第六十条　任何组织和个人强迫进行土地承包经营权互换、转让或者土地经营权流转的，该互换、转让或者流转无效。

第六十一条　任何组织和个人擅自截留、扣缴土地承包经营权互换、转让或者土地经营权流转收益的，应当退还。

第六十二条　违反土地管理法规，非法征收、征用、占用土地或者贪污、挪用土地征收、征用补偿费用，构成犯罪的，依法追究刑事责任；造成他人损害的，应当承担损害赔偿等责任。

第六十三条　承包方、土地经营权人违法将承包地用于非农建设的，由县级以上地方人民政府有关主管部门依法予以处罚。

承包方给承包地造成永久性损害的，发包方有权制止，并有权要求赔偿由此造成的损失。

第六十四条　土地经营权人擅自改变土地的农业用途、弃耕抛荒连续两年以上、给土地造成严重损害或者严重破坏土地生态环境，承包方在合理期限内不解除土地经营权流转合同的，发包方有权要求终止土地经营权流转合同。土地经营权人对土地和土地生态环境造成的损害应当予以赔偿。

第六十五条　国家机关及其工作人员有利用职权干涉农村土地承包经营，变更、解除承包经营合同，干涉承包经营当事人依法享有的生产经营自主权，强迫、阻碍承包经营当事人进行土地承包经营权互换、转让或者土地经营权流转等侵害土地承包经营权、土地经营权的行为，给承包经营当事人造成损失的，应当承担损害赔偿等责任；情节严重的，由上级机关或者所在单位给予直接责任人员处分;构成犯罪的,依法追究刑事责任。

第五章 附 则

第六十六条 本法实施前已经按照国家有关农村土地承包的规定承包,包括承包期限长于本法规定的,本法实施后继续有效,不得重新承包土地。未向承包方颁发土地承包经营权证或者林权证等证书的,应当补发证书。

第六十七条 本法实施前已经预留机动地的,机动地面积不得超过本集体经济组织耕地总面积的百分之五。不足百分之五的,不得再增加机动地。

本法实施前未留机动地的,本法实施后不得再留机动地。

第六十八条 各省、自治区、直辖市人民代表大会常务委员会可以根据本法,结合本行政区域的实际情况,制定实施办法。

第六十九条 确认农村集体经济组织成员身份的原则、程序等,由法律、法规规定。

第七十条 本法自2003年3月1日起施行。

农村土地承包经营权流转管理办法

(农业部令第47号)

第一章 总 则

第一条 为规范农村土地承包经营权流转行为,维护流转双方当事人合法权益,促进农业和农村经济发展,根据《农村土地承包法》及有关规定制定本办法。

第二条 农村土地承包经营权流转应当在坚持农户家庭承包经营制度和稳定农村土地承包关系的基础上,遵循平等协商、依法、自愿、有偿的原则。

第三条 农村土地承包经营权流转不得改变承包土地的农业用途,流转期限不得超过承包期的剩余期限,不得损害利害关系人和农村集体经济组织的合法权益。

第四条 农村土地承包经营权流转应当规范有序。依法形成的流转关系应当受到保护。

第五条 县级以上人民政府农业行政主管(或农村经营管理)部门依照同级人民政府规定的职责负责本行政区域内的农村土地承包经营权流转及合同

管理的指导。

第二章　流转当事人

第六条　承包方有权依法自主决定承包土地是否流转、流转的对象和方式。任何单位和个人不得强迫或者阻碍承包方依法流转其承包土地。

第七条　农村土地承包经营权流转收益归承包方所有,任何组织和个人不得侵占、截留、扣缴。

第八条　承包方自愿委托发包方或中介组织流转其承包土地的,应当由承包方出具土地流转委托书。委托书应当载明委托的事项、权限和期限等,并有委托人的签名或盖章。

没有承包方的书面委托,任何组织和个人无权以任何方式决定流转农户的承包土地。

第九条　农村土地承包经营权流转的受让方可以是承包农户,也可以是其他按有关法律及有关规定允许从事农业生产经营的组织和个人。在同等条件下,本集体经济组织成员享有优先权。

受让方应当具有农业经营能力。

第十条　农村土地承包经营权流转方式、期限和具体条件,由流转双方平等协商确定。

第十一条　承包方与受让方达成流转意向后,以转包、出租、互换或者其他方式流转的,承包方应当及时向发包方备案;以转让方式流转的,应当事先向发包方提出转让申请。

第十二条　受让方应当依照有关法律、法规的规定保护土地,禁止改变流转土地的农业用途。

第十三条　受让方将承包方以转包、出租方式流转的土地实行再流转,应当取得原承包方的同意。

第十四条　受让方在流转期间因投入而提高土地生产能力的,土地流转合同到期或者未到期由承包方依法收回承包土地时,受让方有权获得相应的补偿。具体补偿办法可以在土地流转合同中约定或双方通过协商解决。

第三章　流转方式

第十五条　承包方依法取得的农村土地承包经营权可以采取转包、出租、互换、转让或者其他符合有关法律和国家政策规定的方式流转。

第十六条 承包方依法采取转包、出租、入股方式将农村土地承包经营权部分或者全部流转的，承包方与发包方的承包关系不变，双方享有的权利和承担的义务不变。

第十七条 同一集体经济组织的承包方之间自愿将土地承包经营权进行互换，双方对互换土地原享有的承包权利和承担的义务也相应互换，当事人可以要求办理农村土地承包经营权证变更登记手续。

第十八条 承包方采取转让方式流转农村土地承包经营权的，经发包方同意后，当事人可以要求及时办理农村土地承包经营权证变更、注销或重发手续。

第十九条 承包方之间可以自愿将承包土地入股发展农业合作生产，但股份合作解散时入股土地应当退回原承包农户。

第二十条 通过转让、互换方式取得的土地承包经营权经依法登记获得土地承包经营权证后，可以依法采取转包、出租、互换、转让或者其他符合法律和国家政策规定的方式流转。

第四章 流转合同

第二十一条 承包方流转农村土地承包经营权，应当与受让方在协商一致的基础上签订书面流转合同。

农村土地承包经营权流转合同一式四份，流转双方各执一份，发包方和乡（镇）人民政府农村土地承包管理部门各备案一份。

承包方将土地交由他人代耕不超过一年的，可以不签订书面合同。

第二十二条 承包方委托发包方或者中介服务组织流转其承包土地的，流转合同应当由承包方或其书面委托的代理人签订。

第二十三条 农村土地承包经营权流转合同一般包括以下内容：

（一）双方当事人的姓名、住所；

（二）流转土地的四至、座落、面积、质量等级；

（三）流转的期限和起止日期；

（四）流转方式；

（五）流转土地的用途；

（六）双方当事人的权利和义务；

（七）流转价款及支付方式；

（八）流转合同到期后地上附着物及相关设施的处理；

（九）违约责任。

农村土地承包经营权流转合同文本格式由省级人民政府农业行政主管部门确定。

第二十四条　农村土地承包经营权流转当事人可以向乡（镇）人民政府农村土地承包管理部门申请合同鉴证。

乡（镇）人民政府农村土地承包管理部门不得强迫土地承包经营权流转当事人接受鉴证。

第五章　流转管理

第二十五条　发包方对承包方提出的转包、出租、互换或者其他方式流转承包土地的要求，应当及时办理备案，并报告乡（镇）人民政府农村土地承包管理部门。

承包方转让承包土地，发包方同意转让的，应当及时向乡（镇）人民政府农村土地承包管理部门报告，并配合办理有关变更手续；发包方不同意转让的，应当于七日内向承包方书面说明理由。

第二十六条　乡（镇）人民政府农村土地承包管理部门应当及时向达成流转意向的承包方提供统一文本格式的流转合同，并指导签订。

第二十七条　乡（镇）人民政府农村土地承包管理部门应当建立农村土地承包经营权流转情况登记册，及时准确记载农村土地承包经营权流转情况。以转包、出租或者其他方式流转承包土地的，及时办理相关登记；以转让、互换方式流转承包土地的，及时办理有关承包合同和土地承包经营权证变更等手续。

第二十八条　乡（镇）人民政府农村土地承包管理部门应当对农村土地承包经营权流转合同及有关文件、文本、资料等进行归档并妥善保管。

第二十九条　采取互换、转让方式流转土地承包经营权，当事人申请办理土地承包经营权流转登记的，县级人民政府农业行政（或农村经营管理）主管部门应当予以受理，并依照《农村土地承包经营权证管理办法》的规定办理。

第三十条　从事农村土地承包经营权流转服务的中介组织应当向县级以上地方人民政府农业行政（或农村经营管理）主管部门备案并接受其指导，依照法律和有关规定提供流转中介服务。

第三十一条　乡（镇）人民政府农村土地承包管理部门在指导流转合同签订或流转合同鉴证中，发现流转双方有违反法律法规的约定，要及时予以纠正。

第三十二条　县级以上地方人民政府农业行政（或农村经营管理）主管部门应当加强对乡（镇）人民政府农村土地承包管理部门工作的指导。乡（镇）人民政府农村土地承包管理部门应当依法开展农村土地承包经营权流转的指导和管理工作，正确履行职责。

第三十三条 农村土地承包经营权流转发生争议或者纠纷，当事人应当依法协商解决。

当事人协商不成的，可以请求村民委员会、乡（镇）人民政府调解。

当事人不愿协商或者调解不成的，可以向农村土地承包仲裁机构申请仲裁，也可以直接向人民法院起诉。

第六章 附 则

第三十四条 通过招标、拍卖和公开协商等方式承包荒山、荒沟、荒丘、荒滩等农村土地，经依法登记取得农村土地承包经营权证的，可以采取转让、出租、入股、抵押或者其他方式流转，其流转管理参照本办法执行。

第三十五条 本办法所称转让是指承包方有稳定的非农职业或者有稳定的收入来源，经承包方申请和发包方同意，将部分或全部土地承包经营权让渡给其他从事农业生产经营的农户，由其履行相应土地承包合同的权利和义务。转让后原土地承包关系自行终止，原承包方承包期内的土地承包经营权部分或全部灭失。

转包是指承包方将部分或全部土地承包经营权以一定期限转给同一集体经济组织的其他农户从事农业生产经营。转包后原土地承包关系不变，原承包方继续履行原土地承包合同规定的权利和义务。接包方按转包时约定的条件对转包方负责。承包方将土地交他人代耕不足一年的除外。

互换是指承包方之间为方便耕作或者各自需要，对属于同一集体经济组织的承包地块进行交换，同时交换相应的土地承包经营权。

入股是指实行家庭承包方式的承包方之间为发展农业经济，将土地承包经营权作为股权，自愿联合从事农业合作生产经营；其他承包方式的承包方将土地承包经营权量化为股权，入股组成股份公司或者合作社等，从事农业生产经营。

出租是指承包方将部分或全部土地承包经营权以一定期限租赁给他人从事农业生产经营。出租后原土地承包关系不变，原承包方继续履行原土地承包合同规定的权利和义务。承租方按出租时约定的条件对承包方负责。

本办法所称受让方包括接包方、承租方等。

第三十六条 本办法自 2005 年 3 月 1 日起正式施行。

中华人民共和国农村土地承包经营纠纷调解仲裁法

（2009年6月27日第十一届全国人民代表大会常务委员会第九次会议通过）

第一章 总 则

第一条 为了公正、及时解决农村土地承包经营纠纷，维护当事人的合法权益，促进农村经济发展和社会稳定，制定本法。

第二条 农村土地承包经营纠纷调解和仲裁，适用本法。

农村土地承包经营纠纷包括：

（一）因订立、履行、变更、解除和终止农村土地承包合同发生的纠纷；

（二）因农村土地承包经营权转包、出租、互换、转让、入股等流转发生的纠纷；

（三）因收回、调整承包地发生的纠纷；

（四）因确认农村土地承包经营权发生的纠纷；

（五）因侵害农村土地承包经营权发生的纠纷；

（六）法律、法规规定的其他农村土地承包经营纠纷。

因征收集体所有的土地及其补偿发生的纠纷，不属于农村土地承包仲裁委员会的受理范围，可以通过行政复议或者诉讼等方式解决。

第三条 发生农村土地承包经营纠纷的，当事人可以自行和解，也可以请求村民委员会、乡（镇）人民政府等调解。

第四条 当事人和解、调解不成或者不愿和解、调解的，可以向农村土地承包仲裁委员会申请仲裁，也可以直接向人民法院起诉。

第五条 农村土地承包经营纠纷调解和仲裁，应当公开、公平、公正，便民高效，根据事实，符合法律，尊重社会公德。

第六条 县级以上人民政府应当加强对农村土地承包经营纠纷调解和仲裁工作的指导。

县级以上人民政府农村土地承包管理部门及其他有关部门应当依照职责分工，支持有关调解组织和农村土地承包仲裁委员会依法开展工作。

第二章 调 解

第七条 村民委员会、乡（镇）人民政府应当加强农村土地承包经营纠纷的调解工作，帮助当事人达成协议解决纠纷。

第八条 当事人申请农村土地承包经营纠纷调解可以书面申请，也可以口头申请。口头申请的，由村民委员会或者乡（镇）人民政府当场记录申请人的基本情况、申请调解的纠纷事项、理由和时间。

第九条 调解农村土地承包经营纠纷，村民委员会或者乡（镇）人民政府应当充分听取当事人对事实和理由的陈述，讲解有关法律以及国家政策，耐心疏导，帮助当事人达成协议。

第十条 经调解达成协议的，村民委员会或者乡（镇）人民政府应当制作调解协议书。

调解协议书由双方当事人签名、盖章或者按指印，经调解人员签名并加盖调解组织印章后生效。

第十一条 仲裁庭对农村土地承包经营纠纷应当进行调解。调解达成协议的，仲裁庭应当制作调解书；调解不成的，应当及时作出裁决。

调解书应当写明仲裁请求和当事人协议的结果。调解书由仲裁员签名，加盖农村土地承包仲裁委员会印章，送达双方当事人。

调解书经双方当事人签收后，即发生法律效力。在调解书签收前当事人反悔的，仲裁庭应当及时作出裁决。

第三章 仲 裁

第一节 仲裁委员会和仲裁员

第十二条 农村土地承包仲裁委员会，根据解决农村土地承包经营纠纷的实际需要设立。农村土地承包仲裁委员会可以在县和不设区的市设立，也可以在设区的市或者其市辖区设立。

农村土地承包仲裁委员会在当地人民政府指导下设立。设立农村土地承包仲裁委员会的，其日常工作由当地农村土地承包管理部门承担。

第十三条 农村土地承包仲裁委员会由当地人民政府及其有关部门代表、有关人民团体代表、农村集体经济组织代表、农民代表和法律、经济等相关专业人员兼任组成，其中农民代表和法律、经济等相关专业人员不得少于组成人员的二分之一。

农村土地承包仲裁委员会设主任一人、副主任一至二人和委员若干人。主任、副主任由全体组成人员选举产生。

第十四条 农村土地承包仲裁委员会依法履行下列职责：

（一）聘任、解聘仲裁员；

（二）受理仲裁申请；

（三）监督仲裁活动。

农村土地承包仲裁委员会应当依照本法制定章程，对其组成人员的产生方式及任期、议事规则等作出规定。

第十五条　农村土地承包仲裁委员会应当从公道正派的人员中聘任仲裁员。

仲裁员应当符合下列条件之一：

（一）从事农村土地承包管理工作满五年；

（二）从事法律工作或者人民调解工作满五年；

（三）在当地威信较高，并熟悉农村土地承包法律以及国家政策的居民。

第十六条　农村土地承包仲裁委员会应当对仲裁员进行农村土地承包法律以及国家政策的培训。

省、自治区、直辖市人民政府农村土地承包管理部门应当制定仲裁员培训计划，加强对仲裁员培训工作的组织和指导。

第十七条　农村土地承包仲裁委员会组成人员、仲裁员应当依法履行职责，遵守农村土地承包仲裁委员会章程和仲裁规则，不得索贿受贿、徇私舞弊，不得侵害当事人的合法权益。

仲裁员有索贿受贿、徇私舞弊、枉法裁决以及接受当事人请客送礼等违法违纪行为的，农村土地承包仲裁委员会应当将其除名；构成犯罪的，依法追究刑事责任。

县级以上地方人民政府及有关部门应当受理对农村土地承包仲裁委员会组成人员、仲裁员违法违纪行为的投诉和举报，并依法组织查处。

第二节　申请和受理

第十八条　农村土地承包经营纠纷申请仲裁的时效期间为二年，自当事人知道或者应当知道其权利被侵害之日起计算。

第十九条　农村土地承包经营纠纷仲裁的申请人、被申请人为当事人。家庭承包的，可以由农户代表人参加仲裁。当事人一方人数众多的，可以推选代表人参加仲裁。

与案件处理结果有利害关系的，可以申请作为第三人参加仲裁，或者由农村土地承包仲裁委员会通知其参加仲裁。

当事人、第三人可以委托代理人参加仲裁。

第二十条 申请农村土地承包经营纠纷仲裁应当符合下列条件：

（一）申请人与纠纷有直接的利害关系；

（二）有明确的被申请人；

（三）有具体的仲裁请求和事实、理由；

（四）属于农村土地承包仲裁委员会的受理范围。

第二十一条 当事人申请仲裁，应当向纠纷涉及的土地所在地的农村土地承包仲裁委员会递交仲裁申请书。仲裁申请书可以邮寄或者委托他人代交。仲裁申请书应当载明申请人和被申请人的基本情况，仲裁请求和所根据的事实、理由，并提供相应的证据和证据来源。

书面申请确有困难的，可以口头申请，由农村土地承包仲裁委员会记入笔录，经申请人核实后由其签名、盖章或者按指印。

第二十二条 农村土地承包仲裁委员会应当对仲裁申请予以审查，认为符合本法第二十条规定的，应当受理。有下列情形之一的，不予受理；已受理的，终止仲裁程序：

（一）不符合申请条件；

（二）人民法院已受理该纠纷；

（三）法律规定该纠纷应当由其他机构处理；

（四）对该纠纷已有生效的判决、裁定、仲裁裁决、行政处理决定等。

第二十三条 农村土地承包仲裁委员会决定受理的，应当自收到仲裁申请之日起五个工作日内，将受理通知书、仲裁规则和仲裁员名册送达申请人；决定不予受理或者终止仲裁程序的，应当自收到仲裁申请或者发现终止仲裁程序情形之日起五个工作日内书面通知申请人，并说明理由。

第二十四条 农村土地承包仲裁委员会应当自受理仲裁申请之日起五个工作日内，将受理通知书、仲裁申请书副本、仲裁规则和仲裁员名册送达被申请人。

第二十五条 被申请人应当自收到仲裁申请书副本之日起十日内向农村土地承包仲裁委员会提交答辩书；书面答辩确有困难的，可以口头答辩，由农村土地承包仲裁委员会记入笔录，经被申请人核实后由其签名、盖章或者按指印。农村土地承包仲裁委员会应当自收到答辩书之日起五个工作日内将答辩书副本送达申请人。被申请人未答辩的，不影响仲裁程序的进行。

第二十六条 一方当事人因另一方当事人的行为或者其他原因，可能使裁决不能执行或者难以执行的，可以申请财产保全。

当事人申请财产保全的，农村土地承包仲裁委员会应当将当事人的申请提交被申请人住所地或者财产所在地的基层人民法院。

申请有错误的，申请人应当赔偿被申请人因财产保全所遭受的损失。

第三节 仲裁庭的组成

第二十七条 仲裁庭由三名仲裁员组成，首席仲裁员由当事人共同选定，其他二名仲裁员由当事人各自选定；当事人不能选定的，由农村土地承包仲裁委员会主任指定。

事实清楚、权利义务关系明确、争议不大的农村土地承包经营纠纷，经双方当事人同意，可以由一名仲裁员仲裁。仲裁员由当事人共同选定或者由农村土地承包仲裁委员会主任指定。

农村土地承包仲裁委员会应当自仲裁庭组成之日起二个工作日内将仲裁庭组成情况通知当事人。

第二十八条 仲裁员有下列情形之一的，必须回避，当事人也有权以口头或者书面方式申请其回避：

（一）是本案当事人或者当事人、代理人的近亲属；

（二）与本案有利害关系；

（三）与本案当事人、代理人有其他关系，可能影响公正仲裁；

（四）私自会见当事人、代理人，或者接受当事人、代理人的请客送礼。

当事人提出回避申请，应当说明理由，在首次开庭前提出。回避事由在首次开庭后知道的，可以在最后一次开庭终结前提出。

第二十九条 农村土地承包仲裁委员会对回避申请应当及时作出决定，以口头或者书面方式通知当事人，并说明理由。

仲裁员是否回避，由农村土地承包仲裁委员会主任决定；农村土地承包仲裁委员会主任担任仲裁员时，由农村土地承包仲裁委员会集体决定。

仲裁员因回避或者其他原因不能履行职责的，应当依照本法规定重新选定或者指定仲裁员。

第四节 开庭和裁决

第三十条 农村土地承包经营纠纷仲裁应当开庭进行。

开庭可以在纠纷涉及的土地所在地的乡（镇）或者村进行，也可以在农村土地承包仲裁委员会所在地进行。当事人双方要求在乡（镇）或者村开庭的，应当在该乡（镇）或者村开庭。

开庭应当公开，但涉及国家秘密、商业秘密和个人隐私以及当事人约定不公开的除外。

第三十一条 仲裁庭应当在开庭五个工作日前将开庭的时间、地点通知当事人和其他仲裁参与人。

当事人有正当理由的，可以向仲裁庭请求变更开庭的时间、地点。是否变更，由仲裁庭决定。

第三十二条 当事人申请仲裁后，可以自行和解。达成和解协议的，可以请求仲裁庭根据和解协议作出裁决书，也可以撤回仲裁申请。

第三十三条 申请人可以放弃或者变更仲裁请求。被申请人可以承认或者反驳仲裁请求，有权提出反请求。

第三十四条 仲裁庭作出裁决前，申请人撤回仲裁申请的，除被申请人提出反请求的外，仲裁庭应当终止仲裁。

第三十五条 申请人经书面通知，无正当理由不到庭或者未经仲裁庭许可中途退庭的，可以视为撤回仲裁申请。

被申请人经书面通知，无正当理由不到庭或者未经仲裁庭许可中途退庭的，可以缺席裁决。

第三十六条 当事人在开庭过程中有权发表意见、陈述事实和理由、提供证据、进行质证和辩论。对不通晓当地通用语言文字的当事人，农村土地承包仲裁委员会应当为其提供翻译。

第三十七条 当事人应当对自己的主张提供证据。与纠纷有关的证据由作为当事人一方的发包方等掌握管理的，该当事人应当在仲裁庭指定的期限内提供，逾期不提供的，应当承担不利后果。

第三十八条 仲裁庭认为有必要收集的证据，可以自行收集。

第三十九条 仲裁庭对专门性问题认为需要鉴定的，可以交由当事人约定的鉴定机构鉴定；当事人没有约定的，由仲裁庭指定的鉴定机构鉴定。

根据当事人的请求或者仲裁庭的要求，鉴定机构应当派鉴定人参加开庭。当事人经仲裁庭许可，可以向鉴定人提问。

第四十条 证据应当在开庭时出示，但涉及国家秘密、商业秘密和个人隐私的证据不得在公开开庭时出示。

仲裁庭应当依照仲裁规则的规定开庭，给予双方当事人平等陈述、辩论的机会，并组织当事人进行质证。

经仲裁庭查证属实的证据，应当作为认定事实的根据。

第四十一条 在证据可能灭失或者以后难以取得的情况下，当事人可以申请证据保全。当事人申请证据保全的，农村土地承包仲裁委员会应当将当事人的申请提交证据所在地的基层人民法院。

第四十二条　对权利义务关系明确的纠纷，经当事人申请，仲裁庭可以先行裁定维持现状、恢复农业生产以及停止取土、占地等行为。

一方当事人不履行先行裁定的，另一方当事人可以向人民法院申请执行，但应当提供相应的担保。

第四十三条　仲裁庭应当将开庭情况记入笔录，由仲裁员、记录人员、当事人和其他仲裁参与人签名、盖章或者按指印。

当事人和其他仲裁参与人认为对自己陈述的记录有遗漏或者差错的，有权申请补正。如果不予补正，应当记录该申请。

第四十四条　仲裁庭应当根据认定的事实和法律以及国家政策作出裁决并制作裁决书。

裁决应当按照多数仲裁员的意见作出，少数仲裁员的不同意见可以记入笔录。仲裁庭不能形成多数意见时，裁决应当按照首席仲裁员的意见作出。

第四十五条　裁决书应当写明仲裁请求、争议事实、裁决理由、裁决结果、裁决日期以及当事人不服仲裁裁决的起诉权利、期限，由仲裁员签名，加盖农村土地承包仲裁委员会印章。

农村土地承包仲裁委员会应当在裁决作出之日起三个工作日内将裁决书送达当事人，并告知当事人不服仲裁裁决的起诉权利、期限。

第四十六条　仲裁庭依法独立履行职责，不受行政机关、社会团体和个人的干涉。

第四十七条　仲裁农村土地承包经营纠纷，应当自受理仲裁申请之日起六十日内结束；案情复杂需要延长的，经农村土地承包仲裁委员会主任批准可以延长，并书面通知当事人，但延长期限不得超过三十日。

第四十八条　当事人不服仲裁裁决的，可以自收到裁决书之日起三十日内向人民法院起诉。逾期不起诉的，裁决书即发生法律效力。

第四十九条　当事人对发生法律效力的调解书、裁决书，应当依照规定的期限履行。一方当事人逾期不履行的，另一方当事人可以向被申请人住所地或者财产所在地的基层人民法院申请执行。受理申请的人民法院应当依法执行。

第四章　附　　则

第五十条　本法所称农村土地，是指农民集体所有和国家所有依法由农民集体使用的耕地、林地、草地，以及其他依法用于农业的土地。

第五十一条 农村土地承包经营纠纷仲裁规则和农村土地承包仲裁委员会示范章程，由国务院农业、林业行政主管部门依照本法规定共同制定。

第五十二条 农村土地承包经营纠纷仲裁不得向当事人收取费用，仲裁工作经费纳入财政预算予以保障。

第五十三条 本法自2010年1月1日起施行。

土地权属争议调查处理办法

（中华人民共和国国土资源部第17号令，2002年12月20日国土资源部第7次部务会议通过）

第一条 为依法、公正、及时地做好土地权属争议的调查处理工作，保护当事人的合法权益，维护土地的社会主义公有制，根据《中华人民共和国土地管理法》，制定本办法。

第二条 本办法所称土地权属争议，是指土地所有权或者使用权归属争议。

第三条 调查处理土地权属争议，应当以法律、法规和土地管理规章为依据。从实际出发，尊重历史，面对现实。

第四条 县级以上国土资源行政主管部门负责土地权属争议案件（以下简称争议案件）的调查和调解工作；对需要依法作出处理决定的，拟定处理意见，报同级人民政府作出处理决定。县级以上国土资源行政主管部门可以指定专门机构或者人员负责办理争议案件有关事宜。

第五条 个人之间、个人与单位之间、单位与单位之间发生的争议案件，由争议土地所在地的县级国土资源行政主管部门调查处理。

前款规定的个人之间、个人与单位之间发生的争议案件，可以根据当事人的申请，由乡级人民政府受理和处理。

第六条 设区的市、自治州国土资源行政主管部门调查处理下列争议案件：

（一）跨县级行政区域的；

（二）同级人民政府、上级国土资源行政主管部门交办或者有关部门转送的。

第七条　省、自治区、直辖市国土资源行政主管部门调查处理下列争议案件：

（一）跨设区的市、自治州行政区域的；

（二）争议一方为中央国家机关或者其直属单位，且涉及土地面积较大的；

（三）争议一方为军队，且涉及土地面积较大的；

（四）在本行政区域内有较大影响的；

（五）同级人民政府、国土资源部交办或者有关部门转送的。

第八条　国土资源部调查处理下列争议案件：

（一）国务院交办的；

（二）在全国范围内有重大影响的。

第九条　当事人发生土地权属争议，经协商不能解决的，可以依法向县级以上人民政府或者乡级人民政府提出处理申请，也可以依照本办法第五、六、七、八条的规定，向有关的国土资源行政主管部门提出调查处理申请。

第十条　申请调查处理土地权属争议的，应当符合下列条件：

（一）申请人与争议的土地有直接利害关系；

（二）有明确的请求处理对象、具体的处理请求和事实根据。

第十一条　当事人申请调查处理土地权属争议，应当提交书面申请书和有关证据材料，并按照被申请人数提交副本。

申请书应当载明以下事项：

（一）申请人和被申请人的姓名或者名称、地址、邮政编码、法定代表人姓名和职务；

（二）请求的事项、事实和理由；

（三）证人的姓名、工作单位、住址、邮政编码。

第十二条　当事人可以委托代理人代为申请土地权属争议的调查处理。委托代理人申请的，应当提交授权委托书。授权委托书应当写明委托事项和权限。

第十三条　对申请人提出的土地权属争议调查处理的申请，国土资源行政主管部门应当依照本办法第十条的规定进行审查，并在收到申请书之日起7个工作日内提出是否受理的意见。

认为应当受理的，在决定受理之日起5个工作日内将申请书副本发送被申请人。被申请人应当在接到申请书副本之日起30日内提交答辩书和有关证据材料。逾期不提交答辩书的，不影响案件的处理。

认为不应当受理的，应当及时拟定不予受理建议书，报同级人民政府作出不予受理决定。

当事人对不予受理决定不服的，可以依法申请行政复议或者提起行政诉讼。

同级人民政府、上级国土资源行政主管部门交办或者有关部门转办的争议案件，按照本条有关规定审查处理。

第十四条 下列案件不作为争议案件受理：

（一）土地侵权案件；

（二）行政区域边界争议案件；

（三）土地违法案件；

（四）农村土地承包经营权争议案件；

（五）其他不作为土地权属争议的案件。

第十五条 国土资源行政主管部门决定受理后，应当及时指定承办人，对当事人争议的事实情况进行调查。

第十六条 承办人与争议案件有利害关系的，应当申请回避；当事人认为承办人与争议案件有利害关系的，有权请求该承办人回避。承办人是否回避，由受理案件的国土资源行政主管部门决定。

第十七条 承办人在调查处理土地权属争议过程中，可以向有关单位或者个人调查取证。被调查的单位或者个人应当协助，并如实提供有关证明材料。

第十八条 在调查处理土地权属争议过程中，国土资源行政主管部门认为有必要对争议的土地进行实地调查的，应当通知当事人及有关人员到现场。必要时，可以邀请有关部门派人协助调查。

第十九条 土地权属争议双方当事人对各自提出的事实和理由负有举证责任，应当及时向负责调查处理的国土资源行政主管部门提供有关证据材料。

第二十条 国土资源行政主管部门在调查处理争议案件时，应当审查双方当事人提供的下列证据材料：

（一）人民政府颁发的确定土地权属的凭证；

（二）人民政府或者主管部门批准征收、划拨、出让土地或者以其它方式批准使用土地的文件；

（三）争议双方当事人依法达成的书面协议；

（四）人民政府或者司法机关处理争议的文件或者附图；

（五）其他有关证明文件。

第二十一条 对当事人提供的证据材料，国土资源行政主管部门应当查证属实，方可作为认定事实的根据。

第二十二条 在土地所有权和使用权争议解决之前，任何一方不得改变土地利用的现状。

第二十三条 国土资源行政主管部门对受理的争议案件，应当在查清事实、分清权属关系的基础上先行调解，促使当事人以协商方式达成协议。

调解应当坚持自愿、合法的原则。

第二十四条 调解达成协议的，应当制作调解书。调解书应当载明以下内容：

（一）当事人的姓名或者名称、法定代表人姓名、职务；

（二）争议的主要事实；

（三）协议内容及其他有关事项。

第二十五条 调解书经双方当事人签名或者盖章，由承办人署名并加盖国土资源行政主管部门的印章后生效。

生效的调解书具有法律效力，是土地登记的依据。

第二十六条 国土资源行政主管部门应当在调解书生效之日起 15 日内，依照民事诉讼法的有关规定，将调解书送达当事人，并同时抄报上一级国土资源行政主管部门。

第二十七条 调解未达成协议的，国土资源行政主管部门应当及时提出调查处理意见，报同级人民政府作出处理决定。

第二十八条 国土资源行政主管部门应当自受理土地权属争议之日起 6 个月内提出调查处理意见。因情况复杂，在规定时间内不能提出调查处理意见的，经该国土资源行政主管部门的主要负责人批准，可以适当延长。

第二十九条 调查处理意见应当包括以下内容：

（一）当事人的姓名或者名称、地址、法定代表人的姓名、职务；

（二）争议的事实、理由和要求；

（三）认定的事实和适用的法律、法规等依据；

（四）拟定的处理结论。

第三十条 国土资源行政主管部门提出调查处理意见后，应当在 5 个工作日内报送同级人民政府，由人民政府下达处理决定。

国土资源行政主管部门的调查处理意见在报同级人民政府的同时，抄报上一级国土资源行政主管部门。

第三十一条 当事人对人民政府作出的处理决定不服的，可以依法申请行政复议或者提起行政诉讼。

在规定的时间内，当事人既不申请行政复议，也不提起行政诉讼，处理决定即发生法律效力。

生效的处理决定是土地登记的依据。

第三十二条 在土地权属争议调查处理过程中，国土资源行政主管部门的工作人员玩忽职守、滥用职权、徇私舞弊，构成犯罪的，依法追究刑事责任；不构成犯罪的，由其所在单位或者其上级机关依法给予行政处分。

第三十三条 乡级人民政府处理土地权属争议，参照本办法执行。

第三十四条 调查处理争议案件的文书格式，由国土资源部统一制定。

第三十五条 调查处理争议案件的费用，依照国家有关规定执行。

第三十六条 本办法自2003年3月1日起施行。1995年12月18日原国家土地管理局发布的《土地权属争议处理暂行办法》同时废止。

中华人民共和国农产品质量安全法(节选)

(2006年4月29日第十届全国人民代表大会常务委员会第二十一次会议通过 根据2018年10月26日第十三届全国人民代表大会常务委员会第六次会议《关于修改〈中华人民共和国野生动物保护法〉等十五部法律的决定》修正)

第二条 本法所称农产品，是指来源于农业的初级产品，即在农业活动中获得的植物、动物、微生物及其产品。

本法所称农产品质量安全，是指农产品质量符合保障人的健康、安全的要求。

第八条 国家引导、推广农产品标准化生产，鼓励和支持生产优质农产品，禁止生产、销售不符合国家规定的农产品质量安全标准的农产品。

第九条 国家支持农产品质量安全科学技术研究，推行科学的质量安全管理方法，推广先进安全的生产技术。

第十条 各级人民政府及有关部门应当加强农产品质量安全知识的宣传，提高公众的农产品质量安全意识，引导农产品生产者、销售者加强质量安全管理，保障农产品消费安全。

第十一条 国家建立健全农产品质量安全标准体系。农产品质量安全标准是强制性的技术规范。

农产品质量安全标准的制定和发布,依照有关法律、行政法规的规定执行。

第十二条　制定农产品质量安全标准应当充分考虑农产品质量安全风险评估结果,并听取农产品生产者、销售者和消费者的意见,保障消费安全。

第十三条　农产品质量安全标准应当根据科学技术发展水平以及农产品质量安全的需要,及时修订。

第十四条　农产品质量安全标准由农业行政主管部门协商有关部门组织实施。

第十五条　县级以上地方人民政府农业行政主管部门按照保障农产品质量安全的要求,根据农产品品种特性和生产区域大气、土壤、水体中有毒有害物质状况等因素,认为不适宜特定农产品生产的,提出禁止生产的区域,报本级人民政府批准后公布。具体办法由国务院农业行政主管部门商国务院生态环境主管部门制定。

农产品禁止生产区域的调整,依照前款规定的程序办理。

第十六条　县级以上人民政府应当采取措施,加强农产品基地建设,改善农产品的生产条件。

县级以上人民政府农业行政主管部门应当采取措施,推进保障农产品质量安全的标准化生产综合示范区、示范农场、养殖小区和无规定动植物疫病区的建设。

第十七条　禁止在有毒有害物质超过规定标准的区域生产、捕捞、采集食用农产品和建立农产品生产基地。

第十八条　禁止违反法律、法规的规定向农产品产地排放或者倾倒废水、废气、固体废物或者其他有毒有害物质。

农业生产用水和用作肥料的固体废物,应当符合国家规定的标准。

第十九条　农产品生产者应当合理使用化肥、农药、兽药、农用薄膜等化工产品,防止对农产品产地造成污染。

第二十条　国务院农业行政主管部门和省、自治区、直辖市人民政府农业行政主管部门应当制定保障农产品质量安全的生产技术要求和操作规程。县级以上人民政府农业行政主管部门应当加强对农产品生产的指导。

第二十一条　对可能影响农产品质量安全的农药、兽药、饲料和饲料添加剂、肥料、兽医器械,依照有关法律、行政法规的规定实行许可制度。

国务院农业行政主管部门和省、自治区、直辖市人民政府农业行政主管部门应当定期对可能危及农产品质量安全的农药、兽药、饲料和饲料添加剂、肥料等农业投入品进行监督抽查,并公布抽查结果。

第二十二条 县级以上人民政府农业行政主管部门应当加强对农业投入品使用的管理和指导,建立健全农业投入品的安全使用制度。

第二十三条 农业科研教育机构和农业技术推广机构应当加强对农产品生产者质量安全知识和技能的培训。

第二十四条 农产品生产企业和农民专业合作经济组织应当建立农产品生产记录,如实记载下列事项:

(一)使用农业投入品的名称、来源、用法、用量和使用、停用的日期;

(二)动物疫病、植物病虫草害的发生和防治情况;

(三)收获、屠宰或者捕捞的日期。

农产品生产记录应当保存二年。禁止伪造农产品生产记录。

国家鼓励其他农产品生产者建立农产品生产记录。

第二十五条 农产品生产者应当按照法律、行政法规和国务院农业行政主管部门的规定,合理使用农业投入品,严格执行农业投入品使用安全间隔期或者休药期的规定,防止危及农产品质量安全。

禁止在农产品生产过程中使用国家明令禁止使用的农业投入品。

第二十六条 农产品生产企业和农民专业合作经济组织,应当自行或者委托检测机构对农产品质量安全状况进行检测;经检测不符合农产品质量安全标准的农产品,不得销售。

第二十七条 农民专业合作经济组织和农产品行业协会对其成员应当及时提供生产技术服务,建立农产品质量安全管理制度,健全农产品质量安全控制体系,加强自律管理。

第二十八条 农产品生产企业、农民专业合作经济组织以及从事农产品收购的单位或者个人销售的农产品,按照规定应当包装或者附加标识的,须经包装或者附加标识后方可销售。包装物或者标识上应当按照规定标明产品的品名、产地、生产者、生产日期、保质期、产品质量等级等内容;使用添加剂的,还应当按照规定标明添加剂的名称。具体办法由国务院农业行政主管部门制定。

第二十九条 农产品在包装、保鲜、贮存、运输中所使用的保鲜剂、防腐剂、添加剂等材料,应当符合国家有关强制性的技术规范。

第三十条 属于农业转基因生物的农产品,应当按照农业转基因生物安全管理的有关规定进行标识。

第三十一条　依法需要实施检疫的动植物及其产品，应当附具检疫合格标志、检疫合格证明。

第三十二条　销售的农产品必须符合农产品质量安全标准，生产者可以申请使用无公害农产品标志。农产品质量符合国家规定的有关优质农产品标准的，生产者可以申请使用相应的农产品质量标志。

禁止冒用前款规定的农产品质量标志。

第三十三条　有下列情形之一的农产品，不得销售：

（一）含有国家禁止使用的农药、兽药或者其他化学物质的；

（二）农药、兽药等化学物质残留或者含有的重金属等有毒有害物质不符合农产品质量安全标准的；

（三）含有的致病性寄生虫、微生物或者生物毒素不符合农产品质量安全标准的；

（四）使用的保鲜剂、防腐剂、添加剂等材料不符合国家有关强制性的技术规范的；

（五）其他不符合农产品质量安全标准的。

第三十四条　国家建立农产品质量安全监测制度。县级以上人民政府农业行政主管部门应当按照保障农产品质量安全的要求，制定并组织实施农产品质量安全监测计划，对生产中或者市场上销售的农产品进行监督抽查。监督抽查结果由国务院农业行政主管部门或者省、自治区、直辖市人民政府农业行政主管部门按照权限予以公布。

监督抽查检测应当委托符合本法第三十五条规定条件的农产品质量安全检测机构进行，不得向被抽查人收取费用，抽取的样品不得超过国务院农业行政主管部门规定的数量。上级农业行政主管部门监督抽查的农产品，下级农业行政主管部门不得另行重复抽查。

第三十五条　农产品质量安全检测应当充分利用现有的符合条件的检测机构。

从事农产品质量安全检测的机构，必须具备相应的检测条件和能力，由省级以上人民政府农业行政主管部门或者其授权的部门考核合格。具体办法由国务院农业行政主管部门制定。

农产品质量安全检测机构应当依法经计量认证合格。

第三十七条　农产品批发市场应当设立或者委托农产品质量安全检测机构，对进场销售的农产品质量安全状况进行抽查检测；发现不符合农产品质量安全标准的，应当要求销售者立即停止销售，并向农业行政主管部门报告。

农产品销售企业对其销售的农产品，应当建立健全进货检查验收制度；经查验不符合农产品质量安全标准的，不得销售。

第三十八条 国家鼓励单位和个人对农产品质量安全进行社会监督。任何单位和个人都有权对违反本法的行为进行检举、揭发和控告。有关部门收到相关的检举、揭发和控告后，应当及时处理。

第三十九条 县级以上人民政府农业行政主管部门在农产品质量安全监督检查中，可以对生产、销售的农产品进行现场检查，调查了解农产品质量安全的有关情况，查阅、复制与农产品质量安全有关的记录和其他资料；对经检测不符合农产品质量安全标准的农产品，有权查封、扣押。

第五十四条 生产、销售本法第三十三条所列农产品，给消费者造成损害的，依法承担赔偿责任。

农产品批发市场中销售的农产品有前款规定情形的，消费者可以向农产品批发市场要求赔偿；属于生产者、销售者责任的，农产品批发市场有权追偿。消费者也可以直接向农产品生产者、销售者要求赔偿。

粮食质量安全监管办法

（2016年9月8日中华人民共和国国家发展和改革委员会令第42号公布）

第一章 总　　则

第一条 为保障粮食质量安全，维护粮食生产者、经营者和消费者的合法权益，加强粮食质量安全监督管理，根据《中华人民共和国食品安全法》《中华人民共和国农产品质量安全法》《中华人民共和国种子法》《中央储备粮管理条例》《粮食流通管理条例》《国务院关于加强食品安全工作的决定》等法律法规，制定本办法。

第二条 本办法适用于粮食质量安全监管活动；开展粮食收购、储存、运输、加工和销售等经营活动，应当遵守本办法。

本办法所称粮食，是指谷物（包括小麦、稻谷、玉米、杂粮等）及其成品粮、食用植物油、油料、豆类和薯类。政策性粮食，是指政府指定或者委托粮食经营者购买、储存、加工、销售，并给予财政、金融等方面政策性支持的粮食，包括储备粮。本办法所称加工，是指对政策性粮食的加工。本办法所称经营，是指粮食收购、储存、运输、政策性粮食加工和原粮、政策性粮食销售等活动。

进出境粮食应当符合出入境检验检疫有关规定。

法律、行政法规另有规定的，从其规定。

第三条　县级以上粮食行政管理部门在本级人民政府的统一组织协调下，负责本行政区域粮食收购、储存、运输、加工和销售等经营活动中粮食质量安全的监督管理工作。

第四条　粮食经营者应当依照国家有关法律、法规、政策及粮食质量标准和食品安全标准从事粮食经营活动，对粮食质量安全承担第一责任人的责任。国家鼓励采用并推行科学的质量管理方法、检验方法和先进技术，不断提高粮食质量安全管理和检测水平。

本办法所称粮食经营者，是指从事粮食收购、储存、运输、加工和销售等经营活动的法人、其他经济组织和个体工商户。

在粮食经营过程中，严禁短斤少两、掺杂使假、以次充好的行为。

第五条　粮食行业协会应当加强行业自律，引导粮食经营者依法经营，推动行业诚信建设，加强行业信用监管，宣传、普及粮食质量安全知识。

第六条　任何组织和个人有权向粮食等行政管理部门提出粮食质量安全监管工作意见和建议，举报粮食质量安全违法、违规行为。粮食等行政管理部门接到建议和举报，应当按照程序及时研究、查处。

第二章　粮食质量安全风险监测

第七条　实行收购和储存环节粮食质量安全监测制度。国家粮食行政管理部门会同国务院有关部门，按照保障粮食质量安全、促进粮食品质优化的要求，制定和实施国家粮食质量安全风险监测计划。省级粮食行政管理部门参照国家计划，结合本地区的具体情况，制定和实施本行政区域的粮食质量安全风险监测计划。

粮食质量安全风险监测的主要内容包括：质量等级、内在品质、水分含量、生芽、生霉等情况，粮食生产和储存过程中施用的药剂残留、真菌毒素、重金属及其他有害物质污染等情况。

粮食行政管理部门获知粮食质量安全风险信息后，应当组织开展排查，及时调整粮食质量安全风险监测计划，采取风险防控措施，把粮食质量安全风险和粮食经济损失降到最低限度。

第八条　地方粮食行政管理部门发现区域性粮食污染情况，应当按照地方人民政府制定的处理方案及时处理。

第九条 省级粮食行政管理部门应当将粮食质量安全风险监测计划、监测结果以及对发现问题的处理情况报送国家粮食行政管理部门备案，并通报同级农业行政、卫生计生行政和食品药品监督管理等部门。

第十条 县级以上粮食行政管理部门应当通过新闻媒体和政府网站发布常规粮食质量监测信息，指导粮食收购，促进优质粮食的产销衔接。粮食质量安全监测信息的发布按照国家有关法律规定执行。

第三章 粮食经营质量安全管理

第十一条 从事粮食收购、储存、运输、加工和销售等经营活动应当符合粮食质量标准和食品安全标准，并符合下列要求：

（一）具有与经营粮食的品种、数量、质量相适应的收购、储存场所，保持场所环境整洁，并与有毒有害场所以及其他污染源保持安全距离；

（二）具有与经营的粮食品种、数量相适应的仓储设施条件，仓储设施应当符合国家和行业相关标准与技术规范的要求；

（三）运输粮食的车（船）、器具应当完好，并保持清洁，非专用车（船）应有铺垫物和防潮湿设备，铺垫物、包装材料等应符合有关要求；

（四）具有必要的粮食质量安全项目检验能力，具体要求由省级粮食行政管理部门提出，报省级人民政府确定、公布；

（五）粮食经营者使用的检验仪器设备属于计量器具的，应当依照《中华人民共和国计量法》进行检定。

第十二条 禁止销售下列粮食作为口粮：

（一）真菌毒素、农药残留、重金属以及其他危害人体健康的污染物质含量不符合食品安全标准的；

（二）霉变、色泽气味异常的；

（三）直接拌有农药、混有农药残渣或者含有国家禁止使用的化学物质的；

（四）被包装材料、容器、运输工具等污染的；

（五）其他法律、法规或规章以及政策明确规定不得作为口粮的。

收购和销售污染粮食定向用作非食品原料的，必须单收、单储，并在收购码单、销售凭证中明确标识用途。

第十三条 粮食经营者应当建立粮食质量安全管理制度，健全质量安全控制体系，明确质量安全管理责任，定期对职工进行相关法律、法规、政策、标准和技能的培训。

第十四条　实行粮食收购入库质量安全检验制度。粮食经营者收购粮食，必须按照粮食质量标准和食品安全标准及有关规定，对相关粮食质量安全项目进行检验，并应遵循下列规定：

（一）按照政府价格主管部门的规定实行明码标价，应当在收购场所醒目位置公布收购价目表，标明收购粮食的品种、等级、计价单位和收购价格等有关内容；

（二）杂质超标、水分超过安全储存限量标准的粮食，应当及时整理达标；

（三）不同生产年份的粮食不得混存；

（四）鼓励对不同等级和品质的粮食单收、单存；

（五）粮食不得与可能对粮食产生污染的有害物质混存。

第十五条　粮食经营者储存粮食应当按照《粮油仓储管理办法》《粮油储藏技术规范》等要求，定期进行粮情检查和品质检验，确保粮食储存安全。要对粮食储存过程中的温度、湿度等条件进行管理，防止霉变。

第十六条　粮食经营者必须严格执行储粮药剂使用管理制度、相关标准和技术规范，严格储粮药剂的使用和残渣处理，详细记录施药情况。施用过化学药剂且药剂残效期大于 15 天的粮食，出库时必须检验药剂残留量。储存粮食不得使用国家禁止使用的化学药剂或者超量使用化学药剂。

第十七条　实行粮食销售出库质量安全检验制度。

（一）粮食经营者在粮食销售出库时，必须按照粮食质量标准和食品安全标准及有关规定进行检验并出具检验报告，销售的粮食应当与检验报告相一致；检验报告随货同行；检验报告有效期为 3 个月，超过有效期的，应当重新检验并出具检验报告；从事代收、代储业务的粮食经营者，同样承担粮食入库和出库检验把关责任。

（二）正常储存年限内的粮食销售出库，可由粮食经营者自行检验并出具检验报告；不能自行检验的，可委托专业粮食检验机构检验并出具检验报告。

（三）超过正常储存年限的粮食销售出库，应当经过专业粮食检验机构进行质量鉴定；检验机构在接受委托检验申请后，一般应在 15 个工作日内完成扦样、检验和出具检验报告。

在常规储存条件下，粮油正常储存年限按照《粮油仓储管理办法》执行。

第十八条　根据特定区域粮食可能受到有害物质污染、发生霉变等情况，省级粮食行政管理部门可设定粮食收购和出库必检项目。

第十九条 粮食经营者采购粮食，应当索取、查验和保存销售方提供的检验报告，并对采购的粮食进行验收检验。验收检验结果与销售方检验结果的误差在国家标准允许范围内的，应当认可销售方的检验报告。

采购和供应政策性粮食，必须经专业粮食检验机构检验合格，不符合规定的质量等级要求的，不得采购和供应。

第二十条 批发市场竞价销售粮食，销售方必须提供标的粮食检验报告。

第二十一条 运输粮食严防发生污染、潮湿、霉变发热等质量安全事故；不得使用被污染的运输工具或者包装材料运输粮食；不得与有毒有害物质混装运输；未经清洗、消毒的容器，不得用于运输和储存食用植物油。

第二十二条 从事食用粮食加工的经营者，应当具有保证粮食质量安全必备的加工条件，不得使用发霉变质的原粮、副产品进行加工，不得违反规定使用添加剂，不得使用不符合质量安全标准的包装材料，不得有影响粮食质量安全的其他行为。

销售粮食应当严格执行粮食质量标准、食品安全标准，不得掺杂使假、以次充好。

销售中的成品粮和食用植物油的包装和标识，应当符合国家食品包装、标签标准和有关规定，注明生产日期、保存条件和保质期。

第二十三条 实行粮食质量安全档案制度。粮食经营者经营粮食，应当建立粮食质量安全档案，如实记录以下信息：粮食品种、供货方、粮食产地、收获年度、收购或入库时间、货位及数量、质量等级、品质情况、施药情况、销售去向及出库时间，其他有关信息。

粮食质量安全档案保存期限，以粮食销售出库之日起，不得少于5年。

第二十四条 实行粮食质量安全追溯制度。以库存粮食识别代码为载体，建立从收购、储存、运输、加工到销售的全程质量安全追溯制度，实现粮食质量安全的可追溯。建立粮食质量安全数据库和质量安全分析模型，实现粮食质量安全风险预警预报等。

第二十五条 实行粮食召回制度。粮食经营者发现其销售的粮食有害成分含量超过食品安全标准限量的，应当立即停止销售，通知相关经营者和消费者，召回已售粮食，并记录备查；同时将召回和处理情况向县级以上粮食行政管理部门报告。未按规定召回、停止经营的，县级以上粮食行政管理部门可以责令其召回或者停止经营。

召回的粮食能够进行无害化处理的，可进行无害化处理，并经专业粮食检验机构检验合格后方可销售;符合饲料安全标准的,可用作饲料原料;不符合食品和饲料安全标准的,应当用作其他工业原料。

第四章　粮食检验

第二十六条　粮食检验机构按照国家有关规定取得资质认定后,方可从事粮食检验活动。

粮食检验机构应当指定检验人独立开展粮食检验。检验人应当依照有关法律、法规的规定,并依照粮食质量标准和食品安全标准及检验规范对粮食进行检验,尊重科学,恪守职业道德,保证出具的检验数据和结论客观、公正,不得出具虚假检验报告。

粮食检验机构应当履行检验数据保密义务,未经委托方同意,不得擅自公开或者向他人提供检验数据。

粮食检验实行粮食检验机构与检验人负责制。检验报告应当加盖粮食检验机构公章或检验专用章,并有授权签字人的签名。检验人对出具的检验数据负责,粮食检验机构对出具的检验报告负责。检验人员实行持证上岗。

第二十七条　粮食经营者收购验质检验以及县级以上粮食行政管理部门依法开展的粮食质量安全风险监测与抽查检验,可采用国家粮食行政管理部门认可的快速检验方法,快速检验结果可作为收购验质依据和质量安全风险监测与抽检筛查的依据。采用快速检验方法进行监测和抽查检验,发现测定结果为国家标准临界值时,应当按照国家标准规定的检验方法进行复核检验。

第二十八条　国家粮食行政管理部门和省级粮食行政管理部门应当建立健全粮食质量安全检验监测体系,消除质量安全监管盲区,充分发挥检验机构的作用。凡属国家粮食行政管理部门授权命名的粮食检验机构,接受国家粮食行政管理部门的业务指导,承担国家粮食行政管理部门委托的检验监测任务。

实行粮食检验比对考核制度。国家粮食行政管理部门和省级粮食行政管理部门定期组织对粮食检验机构检验能力的比对考核;比对考核不合格的,应当及时整改;对考核不合格的项目,被考核机构在整改期间不得出具检验报告。

第二十九条　县级以上粮食行政管理部门在监督检查中需要对粮食质量安全进行检验的,应当委托国家粮食行政管理部门或省级粮食行政管理部门授权的粮食检验机构进行扦样和检验,并支付相应费用。扦取的样品应当保留3个月。

第三十条　粮食质量安全检验争议按以下原则处理。

（一）粮食经营者之间的争议。粮食经营者对对方检验结果有异议的，可由双方协商通过会检解决，也可共同委托专业粮食检验机构复检。如对会检或复检结果仍有异议，双方可向省级（含）以上专业粮食检验机构申请仲裁检验，或通过法律程序解决。

（二）粮食经营企业与检验机构间的争议。粮食经营企业如对检验机构的检验结果有异议，可向原检验机构申请复检，如对复检结果仍有异议，可向省级（含）以上专业粮食检验机构申请仲裁检验，也可通过法律程序解决。

（三）粮食经营企业与监督检查部门间的争议。粮食经营者对检验结果有异议申请复检的，应当向检查部门说明理由，检查部门认为需要复检的，检验机构应当复检；必要时，可另行安排检验机构进行复检。

（四）需要复检或仲裁检验的，应当使用备份样品检验。如果有充分理由说明备份样品不具备代表性的，可以安排重新扦样。复检结果与原检验结果不一致的，复检费用由原检验机构承担；复检结果与原检验结果一致的，复检费用由申请方承担。

第三十一条 在国家粮食行政管理部门的指导下，全面推进粮食质量安全检验监测能力建设，包括研发和配置粮食检验仪器设备、改善配套基础设施、健全法规制度、加强计量、标准等质量基础研究、强化信息利用和共享、实施人才战略、推动检学研结合、加强对外技术交流与合作等建设内容。

第五章 粮食质量安全事故处置

第三十二条 粮食经营者应当制定粮食质量安全事故处置方案，定期检查本企业各项粮食质量安全风险防范措施的落实情况，及时消除粮食质量安全事故隐患。在粮食经营活动中，发生粮食质量安全事故的单位应当立即予以处置，防止不符合食品安全标准的粮食流入口粮市场，并及时向事故发生地县级以上粮食行政管理部门报告。

第三十三条 县级以上粮食行政管理部门在日常监督管理中发现粮食质量安全事故，或者接到粮食质量安全事故报告，应当及时调查处理，采取封存、检验、责令召回、限定用途、停止经营等措施，防止或者减轻社会危害。发生重大粮食质量安全事故的，应当同时向同级人民政府和上级粮食行政管理部门报告，并及时通报同级食品药品监督管理部门。

任何单位或者个人不得对粮食质量安全事故隐瞒、谎报、缓报，不得毁灭有关证据。

第三十四条　调查粮食质量安全事故，除了查明事故单位的责任，还应当查明负有监督管理职责的部门、单位的工作人员失职、渎职情况。

第三十五条　县级以上粮食行政管理部门应当建立健全粮食质量安全事故应急预案，加强预案演练，完善应对粮食质量安全事故的快速反应及应急处置信息发布的相关机制和程序。加强应急处置体系和应急队伍建设，强化应急装备和应急物资储备，提升应急处置能力水平。

第六章　监督管理

第三十六条　县级以上粮食行政管理部门应当按照属地监管原则，制定粮食质量安全年度监督管理计划并报上级粮食行政管理部门备案，对本行政区域收购、储存、运输、加工和销售粮食的质量安全实施监督管理。

国家粮食行政管理部门组织检查每年不少于1次，地方粮食行政管理部门组织检查每年不少于2次，上级粮食行政管理部门检查过的单位，下级粮食行政管理部门一般不再重复检查。

第三十七条　县级以上粮食行政管理部门履行粮食质量安全监督管理职责，有权采取下列措施：

（一）进入粮食经营者经营场所检查粮食质量安全情况；

（二）向粮食经营者调查、了解与经营活动有关的情况；

（三）查阅、复制与粮食经营活动有关的合同、票据、账簿、检验报告以及其他资料、凭证；

（四）对粮食经营者经营的粮食进行扦样检验。

粮食经营者拒绝检查的，相关粮食行政管理部门应当向同级人民政府和上级粮食行政管理部门报告。

第三十八条　县级以上粮食行政管理部门依法对粮食经营者进行监督检查，应当记录监督检查的情况和处理结果。监督检查记录经监督检查人员和粮食经营者签字后归档。

第三十九条　县级以上粮食行政管理部门应当建立粮食经营者粮食质量安全信用档案，记录资格审核、日常监督检查结果、违法行为查处等情况；根据粮食质量安全信用档案记录，对有不良信用记录的粮食经营者增加检查频次，根据信用等级实施分类监管。

第四十条　县级以上粮食行政管理部门接到粮食质量安全咨询、投诉、举报，对属于本部门职责的，应当受理，并及时进行答复、核实、处理；对不属于本部门职责的，应当书面通知并移交有权处理的部门处理。

第四十一条 开展粮食质量安全检查和监测所需的必要合理费用，应当列入同级财政预算，不得向检查和监测对象收取。

第四十二条 实行粮食质量安全监管工作评估考核制度。国家粮食行政管理部门指导全国粮食质量安全监管考评工作，并对省级粮食行政管理部门的质量安全监管工作进行年度考评，对考评结果进行通报，对在粮食质量安全监管工作中取得显著成绩的单位和个人进行通报表扬。省级粮食行政管理部门对下级粮食行政管理部门的考评，参照前款执行。

第七章 法律责任

第四十三条 违反本办法第十一条、第十四条第二、第三、第四、第五款、第十七条第一款、第十九条、第二十二条、第二十三条、第二十五条规定的，由县级以上粮食行政管理部门责令改正，予以警告。

第四十四条 违反本办法第十四条第一款规定的，由县级以上政府价格主管部门按照《价格法》《价格违法行为行政处罚规定》，责令改正，没收违法所得，可以并处 5000 元以下的罚款；没有违法所得的，可以处以 5000 元以下的罚款。

第四十五条 违反本办法第十二条规定的，由县级以上粮食行政管理部门责令改正，予以警告；情节严重的，没收违法所得，可以并处 30000 元以下的罚款，没有违法所得的，可以处以 10000 元以下的罚款。

第四十六条 违反本办法第十六条、第二十一条规定的，由县级以上粮食行政管理部门责令改正，予以警告；警告后仍不改正，可以处以 10000 元以下的罚款。

第四十七条 违反本办法第十七条第三款规定，对超过正常储存年限的粮食，出库前未经专业粮食检验机构进行质量鉴定的，由县级以上粮食行政管理部门责令改正，予以警告；情节严重的，处出库粮食价值 1 倍以上 3 倍以下的罚款，但最高不超过 3 万元。

第四十八条 违反本办法第二十六条规定的，依照有关法律、行政法规规定对粮食检验机构直接负责的主管人员和检验人员进行处罚。

第四十九条 违反本办法规定，县级以上粮食等行政管理部门在粮食质量安全监督管理中不履行职责或者滥用职权、玩忽职守、徇私舞弊的，依照有关法律、行政法规对直接负责的主管人员和其他直接责任人员给予处罚。

第八章　附　　则

第五十条　本办法由国家发展改革委、国家粮食局负责解释。

第五十一条　本办法自2016年10月8日起施行。2004年12月30日国家发展和改革委员会、国家粮食局、财政部、卫生部、国家工商行政管理总局、国家质量监督检验检疫总局、国家认证认可监督管理委员会联合发布的《粮食质量监管实施办法(试行)》同时废止。

乡村振兴战略规划(2018～2022年)(节选)

(中共中央、国务院2018年9月26日印发)

第四篇　加快农业现代化步伐

坚持质量兴农、品牌强农,深化农业供给侧结构性改革,构建现代农业产业体系、生产体系、经营体系,推动农业发展质量变革、效率变革、动力变革,持续提高农业创新力、竞争力和全要素生产率。

第十一章　夯实农业生产能力基础

深入实施藏粮于地、藏粮于技战略,提高农业综合生产能力,保障国家粮食安全和重要农产品有效供给,把中国人的饭碗牢牢端在自己手中。

第一节　健全粮食安全保障机制

坚持以我为主、立足国内、确保产能、适度进口、科技支撑的国家粮食安全战略,建立全方位的粮食安全保障机制。按照"确保谷物基本自给、口粮绝对安全"的要求,持续巩固和提升粮食生产能力。深化中央储备粮管理体制改革,科学确定储备规模,强化中央储备粮监督管理,推进中央、地方两级储备协同运作。鼓励加工流通企业、新型经营主体开展自主储粮和经营。全面落实粮食安全省长责任制,完善监督考核机制。强化粮食质量安全保障。加快完善粮食现代物流体系,构建安全高效、一体化运作的粮食物流网络。

第二节　加强耕地保护和建设

严守耕地红线,全面落实永久基本农田特殊保护制度,完成永久基本农田控制线划定工作,确保到2020年永久基本农田保护面积不低于15.46亿亩。大规模推进高标准农田建设,确保到2022年建成10亿亩高标准农田,所有高标准农田实现统一上图入库，形成完善的管护监督和考核机制。加快将粮食生产功能区和重要农产品生产保护区细化落实到具体地块，实现精准化管理。加强农田水利基础设施建设，实施耕地质量保护和提升行动，到2022年农田有效灌溉面积达到10.4亿亩，耕地质量平均提升0.5个等级(别)以上。

第十二章　加快农业转型升级

按照建设现代化经济体系的要求，加快农业结构调整步伐，着力推动农业由增产导向转向提质导向，提高农业供给体系的整体质量和效率，加快实现由农业大国向农业强国转变。

第四节　保障农产品质量安全

实施食品安全战略，加快完善农产品质量和食品安全标准、监管体系，加快建立农产品质量分级及产地准出、市场准入制度。完善农兽药残留限量标准体系，推进农产品生产投入品使用规范化。建立健全农产品质量安全风险评估、监测预警和应急处置机制。实施动植物保护能力提升工程，实现全国动植物检疫防疫联防联控。完善农产品认证体系和农产品质量安全监管追溯系统，着力提高基层监管能力。落实生产经营者主体责任，强化农产品生产经营者的质量安全意识。建立农资和农产品生产企业信用信息系统，对失信市场主体开展联合惩戒。

第五节　培育提升农业品牌

实施农业品牌提升行动，加快形成以区域公用品牌、企业品牌、大宗农产品品牌、特色农产品品牌为核心的农业品牌格局。推进区域农产品公共品牌建设，擦亮老品牌，塑强新品牌，引入现代要素改造提升传统名优品牌，努力打造一批国际知名的农业品牌和国际品牌展会。做好品牌宣传推介，借助农产品博览会、展销会等渠道，充分利用电商、“互联网＋”等新兴手段，加强品牌市场营销。加强农产品商标及地理标志商标的注册和保护，构建我国农产品品牌保护体系，打击各种冒用、滥用公用品牌行为，建立区域公用品牌的授权使用机制以及品牌危机预警、风险规避和紧急事件应对机制。

第十三章　建立现代农业经营体系

坚持家庭经营在农业中的基础性地位，构建家庭经营、集体经营、合作经营、企业经营等共同发展的新型农业经营体系，发展多种形式适度规模经营，发展壮大农村集体经济，提高农业的集约化、专业化、组织化、社会化水平，有效带动小农户发展。

第一节　巩固和完善农村基本经营制度

落实农村土地承包关系稳定并长久不变政策，衔接落实好第二轮土地承包到期后再延长30年的政策，让农民吃上长效“定心丸”。全面完成土地承包经营权确权登记颁证工作，完善农村承包地“三权分置”制度，在依法保护集体所有权和农户承包权前提下，平等保护土地经营权。建立农村产权交易平台，加强土地经营权流转和规模经营的管理服务。加强农用地用途管制。完善集体林权制度，引导规范有序流转，鼓励发展家庭林场、股份合作林场。发展壮大农垦国有农业经济，培育一批具有国际竞争力的农垦企业集团。

第二节　壮大新型农业经营主体

实施新型农业经营主体培育工程，鼓励通过多种形式开展适度规模经营。培育发展家庭农场，提升农民专业合作社规范化水平，鼓励发展农民专业合作社联合社。不断壮大农林产业化龙头企业，鼓励建立现代企业制度。鼓励工商资本到农村投资适合产业化、规模化经营的农业项目，提供区域性、系统性解决方案，与当地农户形成互惠共赢的产业共同体。加快建立新型经营主体支持政策体系和信用评价体系，落实财政、税收、土地、信贷、保险等支持政策，扩大新型经营主体承担涉农项目规模。

第三节　发展新型农村集体经济

深入推进农村集体产权制度改革，推动资源变资产、资金变股金、农民变股东，发展多种形式的股份合作。完善农民对集体资产股份的占有、收益、有偿退出及抵押、担保、继承等权能和管理办法。研究制定农村集体经济组织法，充实农村集体产权权能。鼓励经济实力强的农村集体组织辐射带动周边村庄共同发展。发挥村党组织对集体经济组织的领导核心作用，防止内部少数人控制和外部资本侵占集体资产。

第四节　促进小农户生产和现代农业发展有机衔接

改善小农户生产设施条件，提高个体农户抵御自然风险能力。发展多样化的联合与合作，提升小农户组织化程度。鼓励新型经营主体与小农户建立契约型、股权型利益联结机制，带动小农户专业化生产，提高小农户自我发展能力。健全农业社会化服务体系，大力培育新型服务主体，加快发展“一站式”农业生产性服务业。加强工商企业租赁农户承包地的用途监管和风险防范，健全资格审查、项目审核、风险保障金制度，维护小农户权益。

第八篇 健全现代乡村治理体系

第二十六章 促进自治法治德治有机结合

第二节 推进乡村法治建设

深入开展"法律进乡村"宣传教育活动，提高农民法治素养，引导干部群众尊法学法守法用法。增强基层干部法治观念、法治为民意识，把政府各项涉农工作纳入法治化轨道。维护村民委员会、农村集体经济组织、农村合作经济组织的特别法人地位和权利。深入推进综合行政执法改革向基层延伸，创新监管方式，推动执法队伍整合、执法力量下沉，提高执法能力和水平。加强乡村人民调解组织建设，建立健全乡村调解、县市仲裁、司法保障的农村土地承包经营纠纷调处机制。健全农村公共法律服务体系，加强对农民的法律援助、司法救助和公益法律服务。深入开展法治县(市、区)、民主法治示范村等法治创建活动，深化农村基层组织依法治理。

第十篇 完善城乡融合发展政策体系

第三十二章 强化乡村振兴人才支撑

实行更加积极、更加开放、更加有效的人才政策，推动乡村人才振兴，让各类人才在乡村大施所能、大展才华、大显身手。

第一节 培育新型职业农民

全面建立职业农民制度，培养新一代爱农业、懂技术、善经营的新型职业农民，优化农业从业者结构。实施新型职业农民培育工程，支持新型职业农民通过弹性学制参加中高等农业职业教育。创新培训组织形式，探索田间课堂、网络教室等培训方式，支持农民专业合作社、专业技术协会、龙头企业等主体承担培训。鼓励各地开展职业农民职称评定试点。引导符合条件的新型职业农民参加城镇职工养老、医疗等社会保障制度。

参考文献

[1] 安希伋.论土地国有永佃制[J].中国农村经济,1988(11):22-25.

[2] 白俊超.我国农村土地制度改革研究[D].西安:西北农林科技大学,2007.

[3] 曹锦清.土地家庭承包制与土地私有化[J].华中科技大学学报(社会科学版),2009,23(1):6-7.

[4] 陈金钊.用法治方式化解社会主要矛盾[J].内蒙古社会科学(汉文版),2018,39(5):100-106,2.

[5] 陈锡文.土地产权和用途管制须平衡[J].中国合作经济,2014(2):4.

[6] 陈佑武,李步云.中国法治理论四十年:发展、创新及前景[J].政治与法律,2018(12):64-75.

[7] 仇童伟,罗必良.种植结构"趋粮化"的动因何在?——基于农地产权与要素配置的作用机理及实证研究[J].中国农村经济,2018(2):65-80.

[8] 邓刚宏.行政谈判化解群体性纠纷的价值及其效力[J].江海学刊,2013(5):130-135.

[9] 丁关良,阮韦波.农村集体土地产权"三权分离"论驳析——以土地承包经营权流转中"保留(土地承包权)、转移土地经营权(土地使用权)"观点为例[J].山东农业大学学报(社会科学版),2009,11(4):1-8,121.

[10] 杜云晗,黄涛.农地经营权流转市场的治理:一个整体性的制度分析[J].农村经济,2018(2):34-38.

[11] 傅德法.农村集体土地权属争议纠纷的原因及解决的措施[J].法制与社会,2016(14):285-286.

[12] 公茂刚.发展中国家粮食安全问题研究[M].北京:中国经济出版社,2013.

[13] 关锐捷,李伟毅.以农村土地确权促进集体产权制度改革[J].毛泽东邓小平理论研究,2015(1):1-3,90.

[14] 韩长赋.着力推进农业供给侧结构性改革[N].农民日报,2016-05-13(1).

[15] 韩松.农民集体所有权主体的明确性探析[J].政法论坛,2011,29(1):

104-116.

[16] 何士青,刘颖.农村土地流转的法治主义解读[J].青海社会科学,2018(2):146-152.

[17] 洪名勇.论马克思的土地产权制度及其变迁理论[J].贵州财经学院学报,1996(4):16-19,30.

[18] 黄季焜,王晓兵,智华勇,等.粮食直补和农资综合补贴对农业生产的影响[J].农业技术经济,2011(1):4-12.

[19] 纪坡民.产权与法[M].北京:生活·读书·新知三联书店,2001.

[20] 贾可卿.中国农地产权"三权分置"的分配正义维度[J].深圳大学学报(人文社会科学版),2018,35(2):21-27.

[21] 姜长云,杜志雄.关于推进农业供给侧结构性改革的思考[J].南京农业大学学报(社会科学版),2017,17(1):1-10,144.

[22] 蒋励.股份合作制:农村土地制度改革的最优选择[J].农业经济问题,1994(12):30-34.

[23] 焦富民."三权分置"视域下承包土地的经营权抵押制度之构建[J].政法论坛,2016,34(5):25-36.

[24] 康雄华.农村集体土地产权制度与土地使用权流转研究[D].武汉:华中农业大学,2006.

[25] 孔泾源.中国农村土地制度:变迁过程的实证分析[J].经济研究,1993(2):65-72,16.

[26] 孔祥智.农业供给侧结构性改革的基本内涵与政策建议[J].改革,2016(2):104-115.

[27] 李箭飞,丁万星.土地承包经营权确权登记的风险及对策[J].人民论坛,2015(17):85-87.

[28] 李蕾,张帅.国家经济安全视角下的粮食安全:"十三五"前期监测和后期预警[J].兰州大学学报(社会科学版),2018,46(5):132-141.

[29] 李孟刚,郑新立.国家粮食安全保障体系研究[M].北京:社会科学文献出版社,2014.

[30] 李清章,赵峰.从农地产权制度探索对农户成员权的保障——《成员权视角下的农地产权制度探索研究》再审视[J].河北学刊,2017,37(4):226.

[31] 李宴.集体土地三级所有制度的应然法解读[J].南京大学法律评论,2011(2):196-206.

[32] 李永民,李世灵.农村改革的深层障碍与土地产权构建——兼述我们同流行的理论观点的分歧[J].中国农村经济,1989(6):43-49.

[33] 李祖佩,管珊."被产权":农地确权的实践逻辑及启示——基于某土地产权改革试点村的实证考察[J].南京农业大学学报(社会科学版),2013,13(1):80-87,102.

[34] 厉以宁.中国经济双重转型之路[M].北京:中国人民大学出版社,2013.

[35] 栗云端.我国农业生产中粮食质量安全问题分析[J].中国农业资源与区划,2014,33(2):75-81.

[36] 梁木生.法治的市场建构——走向法治的经济分析[M].武汉:湖北人民出版社,2007.

[37] 林毅夫.关于制度变迁的经济学理论:诱致性变迁与强制性变迁[M].上海:上海三联书店,1994.

[38] 林增杰,沈守愚.土地法学[M].北京:中国人民大学出版社,1989.

[39] 刘奇.农业供给侧结构性改革需要关注的几个问题[J].中国发展观察,2016(10):37-39.

[40] 刘守英.土地制度与农民权利[J].中国土地科学,2000(3):1-9.

[41] 刘书楷.构建我国农村土地制度的基本思路[J].经济研究,1989(9):56-62.

[42] 刘燕舞.农地确权确地:实践及其出路——基于湖北省五个地区的调查思考[J].中共宁波市委党校学报,2011,33(4):31-36.

[43] 刘阳,柯佑鹏,李慧兰.城乡统筹发展背景下农村土地权属纠纷及用地整合研究——以海南省保亭县三道镇为例[J].江苏农业科学,2011(1):485-487.

[44] 娄耀辉.中国粮食安全与法律评述[M].北京:新华出版社,2015.

[45] 马奇.土地权属争议调处实务[M].杭州:浙江大学出版社,2008.

[46] 马晓河,蓝海涛.我国粮食综合生产能力和粮食安全的突出问题及政策建议[J].改革,2008(9):37-50.

[47] 盘亚东.农村土地确权中的法律问题及对策[D].桂林:广西师范大学,2018.

[48] 彭万林.民法学[M].北京:中国政法大学出版社,1999.

[49] 綦好东.我国现行农地产权结构的缺陷及重构的实证分析[J].农业经济问题,1998(1):18-22.

[50] 钱忠好.农村土地承包经营权产权残缺与市场流转困境:理论与政策分析[J].管理世界,2002(6):35-45,154-155.

[51] 曲颂,夏英,吕开宇,等.农村土地纠纷的现状、趋势与化解对策[J].农业经济,2016(4):99-101.

[52] 沈开举.中国土地制度改革研究[M].北京:法律出版社,2014.

[53] 沈守愚,陈利根.土地的自然性和村民小组的主体权利辨析[J].南京农业大学学报(社会科学版),2007(2):1-4,16.

[54] 史锋.农村土地制度创新与农业可持续发展[D].成都:成都理工大学,2008.

[55] 史清华,卓建伟.农村土地权属:农民的认同与法律的规定[J].管理世界,2009(1):89-96.

[56] 宋才发,金璐.三权分置:农村土地制度创新的法治基础[J].中南民族大学学报(人文社会科学版),2018,38(5):138-143.

[57] 宋志红.农村土地"三权分置"改革:风险防范与法治保障[J].经济研究参考,2015(24):5-10.

[58] 苏力.法治及本土资源[M].北京:中国政法大学出版社,1996.

[59] 孙淑云,张凡.农村土地流转的法治路径[J].河北工程大学学报(社会科学版),2012,29(4):73-75.

[60] 唐跟利.农村城镇化进程中农地确权引发的社会冲突与治理——以P镇涉农土地纠纷为例[J].成都大学学报(社会科学版),2017(1):15-21.

[61] 腾卫双.国外农村土地确权改革经验比较研究[J].世界农业,2014(5):64-67,90.

[62] 仝瑞芳.土地承包经营权确权登记颁证工作存在的问题及对策[J].江西农业,2018(2):113.

[63] 王冬.农村土地集约化经营的现实困境及其法治进路[J].改革与战略,2013,29(9):46-49.

[64] 温铁军.我国为什么不能实行农村土地私有化[J].红旗文稿,2009(2):15-17.

[65] 文迪波.还农村土地所有制形式的本来面目——国家土地所有制[J].农业经济问题,1987(8):49-51.

[66] 吴敬琏,厉以宁,等.供给侧改革引领"十三五"[M].北京:中信出版集团,2016.

[67] 吴思. 粮食安全新战略——2015 中国粮食与食品安全战略峰会综述[J]. 中国经济报告,2015(12):47-52.

[68] 谢一鸣. 农村土地权属纠纷的现实困境及对策分析[J]. 广东土地科学,2015,14(5):44-48.

[69] 徐美银,钱忠好. 农地产权制度:农民的认知及其影响因素——以江苏省兴化市为例[J]. 华南农业大学学报(社会科学版),2009,8(2):14-21.

[70] 许经勇. 以新发展理念引领现代化经济体系建设[J]. 湖湘论坛,2018(3):96-103,2.

[71] 杨干忠. 社会主义市场经济概论[M]. 北京:中国人民大学出版社,2014.

[72] 杨柳. 土地确权对农户土地流转意愿的影响研究——以湖北随县为例[D]. 武汉:华中农业大学,2016.

[73] 杨小凯. 中国改革面临的深层问题——关于土地制度改革——杨小凯、江濡山谈话录[J]. 战略与管理,2002(5):1-5.

[74] 于法稳. 生态农业:我国农业供给侧结构性改革的有效途径[J]. 企业经济,2016(4):22-25.

[75] 于建嵘,石凤友. 关于当前我国农村土地确权的几个重要问题[J]. 东南学术,2012(4):4-11.

[76] 于建嵘. 农村集体土地所有权主体辨析[J]. 中国法律,2009(1):13-15,73.

[77] 于力. 农村土地承包经营权流转法治问题新探[J]. 农业经济,2014(7):15-16.

[78] 曾晓昀. 粮食质量安全:中国《粮食法》安全价值之实现[J]. 学术论坛,2016,39(6):79-83.

[79] 张代伟. 法治视域下农村土地承包经营权流转问题探讨——以吉林省例[J]. 农业经济,2010(8):53-55.

[80] 张锋学. 法治乡村是振兴乡村的根本保障[J]. 农村实用技术,2018,203(10):16-17.

[81] 张静,白锐. 农村土地改革法治探析[J]. 山西警察学院学报,2017,25(3):44-47.

[82] 张培刚,张建华. 发展经济学[M]. 北京:北京大学出版社,2009.

[83] 张全江. 应建立农村土地国有制下的永佃权法律制度[J]. 现代法学,1988(6):20-23.

[84] 张术环,王环,张慎霞. 关于我国农村土地产权制度改革的几点思考[J]. 山

东农业大学学报(社会科学版),2004(4):45-47.
[85] 张文显.法理学[M].北京:法律出版社,1997.
[86] 张文显.中国法治四十年:历程、轨迹和经验[J].吉林大学社会科学学报,2018,58(5):5-25.
[87] 张燕喜,彭绍宗.经济学的“哥德巴赫猜想”——马克思“重新建立个人所有制”研究观点综述[J].中国社会科学,1999(5):35-40,205.
[88] 张异.农村土地权属纠纷的法律规制研究[J].安徽农业科学,2010,38(7):3748-3749,3766.
[89] 张占峰.农地流转制度的现实困惑与改革路径[J].西北农林科技大学学报(社会科学版),2017,17(1):23-29,38.
[90] 赵宁,刘雨枫.论我国土地用途管制法律制度的反思与重构[J].云南社会主义学院学报,2014(2):173-175.
[91] 郑建华.农地确权与农地流转互动机制初探[J].农村经济,2009(8):23-26.
[92] 钟怀宇.论农村土地确权后农地流转的两条路线[J].农村经济,2012(1):31-34.
[93] 周其仁.确权是土地流转的前提与基础[J].农村工作通讯,2009(14):40.
[94] 周铁涛.农村法治发展视域下的土地承包经营权流转[J].管理观察,2015(1):29-31.
[95] 邹秀清.中国农地产权制度与农民土地权益保护[M].南昌:江西人民出版社,2008.
[96] BAKKER C,ZAITCHIK B F,SIDDIQUI S,et al. Shocks,seasonality,and disaggregation:Modelling food security through the integration of agricultural,transportation,and economic systems [J]. Agricultural Systems,2018,164:165-184.
[97] BRANDT L,HUANG G K,LI G,,et al. Land rights in China:Facts,fictions,and issues[J]. China Journal,2002,47(47):67-97.
[98] FUGLIE,K O,HEISEY P W,KING J L. Research investments and market structure in the food processing,agricultural Input,and biofuel industries worldwide[J]. Economic Research Report,2011(2).
[99] JUERGENSMEYER J C,ROBERTS T E. Land use planning and development regulation law[M]. St. Paul,MN:Thomson/West,2003.

[100] Mark W SKINNER, KUHN R G, JOSEPH A E. Agricultural Land Protection in China: a Case Study of Local Governance in Zhejiang Province[J]. Land Use Policy, 2011, 18(4): 329-340.

[101] PUTTERMAN L. The role of Ownership and Property Rights in China's Economic Transition[J]. The China Quarterly, 1995(12).

后　记

这是我的第一部专著，主要是由读博士期间围绕土地确权和国家粮食安全发表的学术论文编著而成。总算完成了一件自己想做的事，但不由自主地想起了恩师——梁木生教授。梁老师是我的博士生导师，我是老师收录的第一个博士研究生。梁老师共有8名博士研究生，柯林霞师姐是半途转到老师名下，先于我取得博士学位，马勇师弟在老师去世一个月后取得博士学位，我取得博士学位半年后老师去世，这样说来，我算是老师在世时唯一一名完整意义上培养出来的博士。老师去世后，师弟师妹晓丹、铭清、云鹤、刘飞和亚婷分别转到法学院其他老师名下。老师指导过的硕士生很多，教过的本科生更是不计其数，拜其门下的学生来自于华中科技大学各学院，也有很多武汉其他高校的学生慕名去听老师的课。老师真的做到了桃李满天下。说起老师，恍如隔日，音容笑貌，历历在目。2018年1月15日我去华中科技大学办理毕业手续，领取博士双证，竟成了我和老师的永别，“谁念西风独自凉，萧萧黄叶闭疏窗，沉思往事立残阳。”我和老师拿着博士毕业证书和学位证书合影时老师爽朗开心的大笑永远留在了我的记忆里。没有老师，就没有我的博士学位，就没有这本书。

回想博士学位论文开题在即，对于如何选题，我茫无头绪，因为之前没有很好的研究基础和方向，法理学、法哲学等太专业的题目没法选，苦苦思虑，不记得当时我和老师是谁提到了确权这个热点话题，就此确定选题：农村集体土地确权研究。我在两个月内写出了开题报告，并顺利地通过了论文开题答辩。之后，我围绕确权查阅了很多资料，进行了调研，发表了几篇论文，包括申请博士学位的资格论文（两篇CSSCI期刊论文），也因此获批江苏省社科基金项目“法治视域下农村集体土地确权研究”。后来刘应文师兄“放心粮”生产经营的成功实践启发了我和老师，我在农村土地确权的基础上，又对粮食安全经营模式进行了研究，最终与老师仔细地商榷研究的框架和内容，形成了我的博士学位论文《社会主义市场经济条件下粮食质量安全运行模式研究》。为了纪念老师，也是为了将近阶段研究的一些成果梳理一下，才决定出版此书。

一本书的出版是很多人努力的结果。没有同仁和家人的支持、帮助，凭着作者一己之力是无法把自己的研究成果变成一本书的。在此，我要特别感谢中国矿业大学出版社陈振斌、史凤萍对本书编辑出版给予的高度热情和所付出的辛勤劳动。感谢爱妻王述华的默默付出和陪伴，边上班边无微不至照顾我们仨，艺枝今年高考，灵芝初二，都是关键时刻，成绩皆优异，深感欣慰。

“往者不可谏，来者犹可追。”谨以此书，献给我的恩师和我永远怀念的母亲！

侯继虎

2019年春节